香

少年情绪，为谁挽作丁香结

我愿守护你不只到天亮

《中学生博览》杂志社 选编

我的青春我的梦
全国中学生校园美文精品集萃丛书

时代文艺出版社

图书在版编目（CIP）数据

我愿守护你不只到天亮/《中学生博览》杂志社选编. —长春：时代文艺出版社，
2018.8（2023.6重印）
（"我的青春我的梦"全国中学生校园美文精品集萃丛书）
ISBN 978-7-5387-5665-4

Ⅰ.①我… Ⅱ.①中… Ⅲ.①作文－中学－选集 Ⅳ.①H194.5

中国版本图书馆CIP数据核字（2018）第000163号

出 品 人　陈 琛
产品总监　郭力家
责任编辑　刘 兮
装帧设计　李 斌
排版制作　隋淑凤

本书著作权、版式和装帧设计受国际版权公约和中华人民共和国著作权法保护
本书所有文字、图片和示意图等专有使用权为时代文艺出版社所有
未事先获得时代文艺出版社许可
本书的任何部分不得以图表、电子、影印、缩拍、录音和其他任何手段
进行复制和转载，违者必究

我愿守护你不只到天亮

《中学生博览》杂志社　选编

出版发行/时代文艺出版社
地址/长春市福祉大路5788号　龙腾国际大厦A座15层　邮编/130118
总编办/0431-81629751　发行部/0431-81629758
官方微博/weibo.com/tlapress
印刷/北京一鑫印务有限责任公司
开本/700mm×980mm　1/16　字数/153千字　印张/11
版次/2018年8月第1版　印次/2023年6月第5次印刷　定价/34.80元

图书如有印装错误　请寄回印厂调换

编委会

编委会主任：刘翠玲　夏野虹　高　亮
编　　　委：宁　波　孟广丽　张春艳
　　　　　　李鹏修　苗嘉琳　姜　晶
　　　　　　王　鑫　李冬娟　王守辉

目 录

我愿守护你不只到天亮

我愿守护你不只到天亮 .... 羊拇指 / 002

七个月童话 .... 纯　白 / 005

一杯阳光我已微醉 .... 黑猫籽籽 / 009

少年向光而生 .... 蓝　普 / 013

我的好兄弟 .... 路博文 / 016

梅茜和滚球球的睡前故事 .... 梅茜烦不了 / 018

穿过云洞成了雨 .... 浅步调 / 024

我的大二班，我的杨老大 .... 骆　阳 / 027

原来，你们从不曾远走 .... 曦　晗 / 030

我眼里的光影碎片 .... 左　海 / 034

白衣少年行未远 .... 战龙寒砚 / 036

左岸，魔法兜转

左岸，魔法兜转 .... 苏浅宁 / 042

水泽 .... YOU AND I / 050

尚好的青春都是你 .... zzy 阿狸 / 058

孤独患者 .... 阿 黄 / 067

泡椒味校园 .... 艾汀医生 / 074

给你一个好故事 .... 傲 详 / 079

你是我路过的似水年华 .... 安木木 / 086

十八年的秘密像座山

十八年的秘密像座山 .... 雪绒花 / 098

我的闺密，我的女超人 .... 杨西西 / 103

你是我的英雄 .... 亦茹初 / 106

小女人 .... 东 望 / 108

男生，你别嘚瑟

无敌衰神呆恬子 .... 7号茉莉 / 112

亲爱的木木，我们开始认真了 .... Lennon.L.Luo / 117

这群疯子是好人 .... MIC小筱 / 120

你说的永远那么远 .... Miss倩倩猪 / 125

此致，敬礼，季先生 .... zzy阿狸 / 129

男生，你别嘚瑟 .... 谙幕晓 / 132

骑着风筝，到春天里去找你

不要叫醒我 .... 安暮帆 / 136

爱貂之痛谁人懂 .... 少林修女 / 139

不是没有明天 .... 景 锦 / 143

骑着风筝，到春天里去找你 .... 栗子小姐 / 147

要像烟花一样 .... 七 月 / 149

六中妹子是神话 .... 小太爷 / 152

每个胖女孩儿都曾经是天使 .... 月小半 / 154

懒猫 .... 武敬哲 / 158

小楼、我和周杰伦 .... 潘 / 161

贫血进行时 .... 小太爷 / 165

你有没有这样的时候 .... 君　生 / 167

我愿守护你不只到天亮

在这世上珍贵的东西总是罕有,所以这世上只有一个你。

很庆幸这个世界上还有一个你,教会我执着。

天亮了,星星只能躲到星球的另一端,它要去照亮另一片夜空了。而我对你的爱,会一直挂在你的天空里,暗自放光。

我要守护你,不只是到天亮。

我愿守护你不只到天亮

羊拇指

> 推开窗看见星星一直守在夜空中，心中不免多了些暖暖的感动。一闪一闪的光，努力把黑夜点亮。
>
> ——张杰《我们都一样》

2009年之前，他不曾步入过我的视线，也从未穿梭于我的话题间。关于他的一切，都只是后来才听说。

听说，2004年的他参加《我型我秀》，斩获年度冠军；听说，他满载风光的路途因为公司的变动戛然而止，尾随着荣耀的是措手不及的坎坷；听说，2007年的他坚毅地站上《快乐男声》的舞台，凤凰涅槃，浴火重生。2009年，在我爱上《快乐大本营》的同一年，我认识了这个热爱音乐的男生。

> 这一天，我开始仰望星空，发现，心并不远，梦并不远，只要你踮起脚尖。
>
> ——张杰《仰望星空》

高音响遏行云，低音缠绵动人，极具辨识度的嗓音和极强的音乐细胞还有超高的人气让他斩获大量殊荣。翻开他的音乐字典，里面写着努力、认真、执着。真正地喜欢他，是在单曲循环《仰望星空》之后。捂紧耳麦，第一次认真地抬头端详夜空，暗淡的星光穿透夜的漆黑，点亮人内心的希望。

  是否两个人足够，捕捉爱的镜头。闭上了眼睛记得你的笑容。幸福得从容将灵魂都掏空，享受一分钟的感动。
——张杰《明天过后》

2011年9月26日，一道最美丽的风景线呈现在云南香格里拉，亲爱的张先生牵着我至爱的坡姐步入婚姻殿堂，在那个最接近天堂的地方，很多好朋友见证了他们的幸福时刻。我等了一天他们的微博，最后却得知这对新人没有携带手机的消息。在后来的很多个周末里，我总会搜索他们的婚礼视频。

那么甜蜜，那样满满的都是爱。

  听一首老歌就会流泪的女孩儿，没我可怎么办。我们一起看月亮爬上来，你也在失眠想着你的最爱，我们一起看月亮爬上来，你也在失眠想有美好未来。
——张杰《月亮爬上来》

最初我认识的那个他总会在被调侃时羞涩一笑，现在亦然如此。只是，到了而立之年的他已经越发成熟，舞台上的他能歌善舞，舞台下的他绝世好男人。我说过我会是他的守护星，想停留在他的天空中。就像他的很多歌里，都会有"星"字的存在。我不确定这份喜欢会持续多久，或许有一天，城市的浮华遮住了我的视线，星光会渐渐褪去。

至少现在，我喜欢端详夜空。因为我相信，总有一天我们会在不同的城市，一起看月亮爬上来。

我的世界，因为有你才会美，我的天空，因为有你不会黑……不怕受伤，因为有你在身旁，你的笑你的泪，是我筑梦路上最美的太阳。

　　　　　　　　　　——张杰《最美的太阳》

　　这是你的歌，我却想把它唱给你。我是夜空中数不清的星星中的一颗，直到有一天我遇见了我的太阳。它的光芒刺得我睁不开眼。我拼命地追随着它的步伐，多希望我的世界里再不会出现阴暗的雨天。

　　你是"杰"然不同的"第一张"，你是"杰"出星空的"第一张"，你是"杰"足先登的"第一张"。

　　在这世上珍贵的东西总是罕有，所以这世上只有一个你。

　　很庆幸这个世界上还有一个你，教会我执着。

　　天亮了，星星只能躲到星球的另一端，它要去照亮另一片夜空了。而我对你的爱，会一直挂在你的天空里，暗自放光。

　　我要守护你，不只是到天亮。

七个月童话

纯 白

我枕着手臂躺在床上，在流淌着寂静气息的夜色中努力睁大双眼盯着天花板，直到双眼发涩。突然听到上方一声清脆的硬币落地的声音，在一片黑暗中，似惊蛰。接连着是一阵丁零当啷玻璃和什么硬物被扫落发出的哀鸣，还有听不太清的喧闹。沉闷压抑得让我有些喘不过气，只感觉眼角有什么温热的液体悄然滑过，然后，狠狠地砸向床沿。

1

好像是从一个并不明媚的春天开始，我一个人生活，每天背着很大却很空的双肩包，穿行于学校和住所两点一线。之所以不叫家，是因为它已不再是寄托我情感的地方了。而对于它名义上的男主人和女主人来说，更确切的，这里是一个驿站——累了，来歇歇脚；偶尔，还添上一两件设施供以娱乐。仅此而已。

2

我开始愈发沉默，对所有人。除了对我的猫——罗丝。

罗丝是只老猫。它跟我生活了七年，却始终学不会乖巧。平日它总是高傲地走过我的跟前，对我不屑一顾。不屑地看着我脱下校服换上不伦不类的服装；不屑地看着一向怕疼的我义无反顾地在耳朵上打了一个又一个洞，戴上银白色闪着光的耳钉；不屑地看着我对所有人恶语相向，封闭自己；不屑地看着我忤逆心愿，然后一点儿一点儿溺死在悲伤的河里……

我明白，此刻自己俨然就像因纽特人眼中那愚蠢的北极熊，一边用早已被冰冷麻痹的舌头贪婪地舔舐着自己的鲜血，一边试图感知那缥缈的欢乐。我也知道，再退一步就是万劫不复的深渊，可我还是心甘情愿并且乐此不疲，用伤害自己的方式来下一场赌注，赌他们的不离开。我的筹码只有我自己。如果输，我就只剩下一个人了。

3

"小恩，我和你爸决定分开一段时间，你是要跟我住还是……"

"我哪儿也不去！"

"这不行……"

"我说了，我哪儿也不去。"

"我感觉你好像有点儿不对劲，小恩，有什么话一定要说啊，不要老憋在心里……"

"好了好了，还有其他事吗？没有我挂了。"

"那你照顾好自己啊……"

"嘟……"

挂了电话，我有点儿想哭。但转眼看到罗丝投来的不屑目光，又生生忍住了。在电视机前静坐了一会儿，我突然觉得，罗丝这只猫好像是蛮有灵性的。那一刻，我在心中做了一个决定。

我走到它身边，刚想诉说自己的心事，它便一溜烟不见了影。我只好去冰箱拿了条小鱼丢给它，以此挽留。看它津津有味地吃完小鱼，我正欲一倾苦水，谁料它竟然又开溜了，任凭我紧追不舍也不肯回头。我气急败坏地一把扯住它的尾巴，它更狠，一个漂亮的转身之后就给了我一个"降龙十八爪"……

我捂着脸看着镜子里的自己和那三道血淋淋的爪痕，突然就笑了。

我才发现，原来自己笑起来也是挺好看的。只不过……这三道猫抓有点儿惨不忍睹啊，还有，以前怎么没发现这身衣服我穿起来其实……很丑？

我换上久违的校服，往镜前一站，好像还是怪怪的。对了！我摘下耳钉。

嗯，这样才漂亮嘛。

4

我摩挲着日记有些泛黄的纸张，一页一页小心地翻动着，生怕惊扰了当时的脆弱心情。

> 要我怎么去原谅你们给的伤害，你不知道它至今还在隐隐作痛，而且会一直都在。
>
> 2012年11月15日

看到这句话，我抿唇微笑，提笔写下：

一、如果无法原谅就选择遗忘吧，这是释怀伤痛最好的办法；二、请松开你死死揪住过往的手，让它随风远去，带着所有的不快乐；三、不论是多顽固着不肯痊愈的伤都不会永远存在，至少现在，它已经消失了；四、这不是一场非得有你死我活的赌局，所以你没有输，你也不会失去任何人；

五、你得感谢罗丝这只猫，毕竟是它抓碎了围困你整整七个月的城；六、一切都会过去的，我亲爱的傻小孩儿。

2013年6月15日

5

又是一个阳光明媚的清晨，电话铃响。

"喂？"

"小恩，是妈妈。家里一切还好吧？吃过早饭了吗？"

"嗯，你呢？"

"我也吃过了。想和你说件事。"

"听着呢。"

"我们……决定离婚了。"

"哦。"

"小恩，你不会怨我们吧？"

"不用担心，我……我会照顾好自己的……"

"那就好，我们刚才还担心会不会给你造成伤害，这样我就放心了……小恩，谢谢你。"

"……"

我缓缓放下电话，眼角微微湿润。

爸、妈，你们一定要好好的，过得很幸福很幸福，这样才对得起我啊……

抬起头时，阳光正好，温馨地弥漫在我的小家里。罗丝正窝在躺椅上暖洋洋地睡着懒觉，看它的表情，那么香、那么甜，不知是不是梦到红烧小鱼了呢？真好。

一杯阳光我已微醉

黑猫籽籽

开学已经有三个星期。此时此刻的我，安静地坐在属于我的高中教室里，写下这些文字。以此来纪念我那似一米阳光般美丽又转瞬即逝的初中年华。

阳 光

"那一年盛夏，心愿许得无限大，我们手拉手也成舟，划过悲伤河流……"塞着耳机，眯起眼躺在学校操场的草坪上，感受下午5点10分的阳光。丫丫坐在一旁边翻漫画边训我："犯什么傻，在操场这么显眼的地方，如此张扬地听随身听？"

我微笑着望向湛蓝的天空。阳光暖暖的，天空大大的。这不正是我一直以来都渴求的日子吗？可是为什么，我的心里总有那么一点儿不大不小的忧伤？

无色透明

你的初三是什么颜色？

这是一个朋友曾问过我的问题，我也曾无数次思考过这个问题。现在，我找到了答案。

——无色透明。

在初三那一年里，一切都变得直白明了，都变得真实。没有了初一时的迷茫，没有了初二时的拐弯抹角。没有了一切雕饰，只留给我一个真实残酷的现实。

在初三那一年里，我承受了一场又一场的黑暗风暴。朋友背叛、家人误解、恶语相对、当众挖苦、流言蜚语、厌恶目光……这些，在初三那一年统统强塞给了我，让我一时呼吸困难，多愁善感。

然而没有做作、没有敷衍、没有遮掩的日子虽然痛苦难熬，但还是给了我一份纯净美好的成长礼。

奋 斗

在初中，我们班是学校的活宝班级——实验班。学校第一届毕业实验班的名声让我们的地位节节高升，我们班不但是出了名的学习好，且是有名的班风差。不管上课下课都是热热闹闹熙熙攘攘像在过大年。而鉴于再怎么疯、怎么乱，成绩总是超越别班一大截，老师和校长都拿我们没办法。

然而就是这样一个活宝级的班级，在"中考"这两个字的镇压下，竟来了个反转，变成了乖巧安静的模样。这，不仅仅是我，也是很多同学老师都意料之外的。

在距中考还有三个月的时候，像很多"初三党"一样，我们的教室里不再有大呼小叫，不再有打打闹闹，不再有哄哄笑笑；随身听、小说、漫画、杂志统统被放进箱子，取而代之的，是一个个安安静静地埋头苦读，是上课下课讨论难题的争论，是放在桌前一沓沓厚厚的资料书……同学们在初夏的清风中感受着初三的苦与乐、累与泪，感受着整个班的心与心相连。

那个时候的我，整日整夜地将自己埋进题海，做完的资料书慢慢积成了堆，桌下压着一张又一张每日计划的彩色便笺，文件夹里鼓鼓地夹满测试卷。

那个时候的我们，个个心怀忐忑与焦虑，用每时每刻都不曾放下笔的僵硬的手，在苍白的志愿表上，郑重地填下那个或许神往已久或许并不喜欢的高中。

于是黑板角落上用红色粉笔每日更改的中考倒计时，成了我们唯一的色彩。

我不知道整个班六十几个学生中，还有谁和我一样，在白日里皱眉算题，在黑夜笼罩时黯然哭泣。

毕 业

"我们的青春，长着风的模样。"不知是谁，在黑板上写下这样的一句话，让我在空旷无人的教室里怔愣了很久。

是的，我们毕业了。带着压力与淡淡的忧伤，毕业了。

在看到朋友们一个个蓬勃向上的背影时，我哭了。我的初中，终究给了我多少伤痕，又给了我多少梦想？

一杯阳光

坐在高一3班的教室里，与新朋友们说笑。偶然提到××中学的第一届实验班，他们都一脸敬畏，因为那个班六十几个学生，今年中考全部录取，成了××中学的骄傲，××中学的神话。

阳光就在那个时候悄悄爬上脸颊，我眯起眼，感受夏末的阳光。

心里那份不知名的忧伤，只是一种怀念。怀念旧时光。

抛开一切烦恼。

挣脱一切束缚。

我扬起嘴角,举起空玻璃杯,直视阳光。

干杯!为我们逝去的初中年华。

干杯!为我们刚刚开始的青春。

小小的玻璃杯盛满了阳光,将我的瞳孔折射得五彩斑斓。

一杯阳光,我已微醉。

少年向光而生

蓝普

我已不大记得那年与你初遇的场景。

唯有七里香馥郁的芳香，在回忆中历久弥新，哪怕事隔多年，逆着时光的甬道回头看去，仿佛也依然可以触摸到你洗得干干净净、散发着淡淡皂角香味的白衬衫，不忍忘记。

2008年的初夏，我在一所私立中学读二年级。

那时候的我，骄纵，不可一世，仗着年轻以及家中尚有够我挥霍的资本，在学校里像只螃蟹一样横着走。

我每天出门都像是专门去打架似的，没有同龄女孩儿的谨言慎行，她们信手拈来的矜持端庄也统统学不会。

用时下流行的话来说，我是一个因青春期躁动难耐而无处宣泄的不良少女。

我的脑子里总有稀奇古怪的小算盘，就拿初次相逢的那场闹剧来说，我想，这世上可能不会再有像我这样没头没脑的女生，因为你没有为老奶奶让座而怒火中烧，跳起来就在公共场所给了你一巴掌，那一巴掌可不轻，你的右脸瞬间红起来，眼睛瞪得滚圆滚圆，似有不甘。

也是后来我才知道，像你这样文质彬彬、颇有书生气的男孩儿是做不到对让座一事不闻不问的，你有难言之隐，你过于沉重灰暗的生命给了你缄默的权利。

你是一名失去右腿、直立都稍显困难却依旧对生活充满希冀的乐观男孩儿，那日只因你戴着假肢，而我又实在眼拙才酿成闹剧。

回家以后我万分自责，可面对父母老师的责难我却一声不吭。

他们通过对我积怨已久的同车校友了解到我"令人发指"的罪行，勒令我以书面形式向饱受委屈的你进行深刻检讨。

可青春期里排行第一的自尊不允许我这么没骨气。

我偏不。我当着你的面表明自己的观点，我又没做错，凭什么要向你道歉。

我言辞凿凿，嗓门儿大得惊人。

你闻言也不恼，只是好脾气地冲我笑，眉眼弯成新月状，好看得不得了。你说："没事没事，是我不好，没有给奶奶让座。"

我得寸进尺地看着你，点头如捣蒜，说："就是嘛。"

可你知道吗，那一刻，我内心深处并不这样想。

我看着你明媚的笑容，竟破天荒地想要承认自己的错误。

这令我恐慌，毕竟飞扬跋扈的十几年生命里，这种异样的情绪从未有过，从不曾来干扰我的生活。

可谁知它来势汹汹，竟要我软化周身硬刺，以惩戒我的言不由衷。

那之后我就情不自禁默默地关注你。

寝室、课堂和餐厅，由我多日总结的尾随笔记来看，你几乎过着三点一线的生活，并以此感到安逸，乐此不疲，每日天不亮就端坐黑板前，饭点时也总是一马当先。

老实说，我觉得你真可怖。

可有句话不是说，为了梦想执着于远方的人，无论他何其卑微如尘，都是值得被尊敬的。

你就是那样的人。

在那段最兵荒马乱的青春里，由最开始的无法理解，渐渐成为我日后始终如一的信仰。

我有没有告诉过你，我有多么多么仰慕你，就像太阳花面向太阳。

你就是我的光芒，给我穿越黑暗的力量。

我想，这些我统统没有告诉你吧。

因着初次相逢的那场闹剧。

因着年轻时那颗永不服软的心。

那么，事隔多年，我又一次在这样一个充满着七里香馥郁芬芳的夏日午后还原这份记忆，并道一声真挚的"对不起"给最亲爱的你。

嗨，向光而生的少年，这一切是否还来得及？

你是否还愿意接受呢？

我的好兄弟

路博文

炙热的水泥球场上,谢天宇正带球冲进三秒区内,飞身一个三步篮,不幸球未进。我抢下篮板,传给站在外线的孙默——"唰"地一下,球从三分线外直入篮筐,我们仨同时打了一个胜利的手势……

男孩子大都爱篮球,而我更爱面前这两个陪了我十五年的兄弟。

从幼儿园开始,我们仨就在同一个班。最先熟络起来的,其实是我们的爹娘,他们每天几乎同一时间出现在幼儿园门口,看着我们仨撒欢似的奔向他们,把小书包往他们手里一甩又像三只小狗一样扭打在一起,便一边拉架一边互相致歉。那情形相当有喜感。

俗话说,冤家路窄。升入小学后,我们仨竟又被分到了同一个班。

但不知道从什么时候起,谢天宇从一只小老虎变成了一个深刻的孩子。他开始读很多很多我们根本不会去碰的书,因为懂得多,他渐渐成了班里的孩子王,班里重要的事情都由他负责,需要做决定的时候都听他的,就连玩什么游戏都是他来拿主意!饱读诗书、成熟帅气,再加上与生俱来的领导力——嗯,这孩子明显早熟啊!但女孩子好像都喜欢这个品种的人类——男神!作为男神的朋友,真心有必要提醒一下那些迷途的小花痴,小学生守则里写得清清楚楚,不许谈恋爱,暗恋也不可以!男神是我的!要不为什么我每天和男神嘻嘻哈哈一起回家老师就不找我谈话哪？！

有一个好玩的谜语给你猜猜，咱先说好了，猜着了可白猜——一只黑狗，不叫不吼，打一字——默呀！我兄弟大名。可是孙默兄弟绝对人非其名！此君开朗得很，估计送到精神病医院，医生不用诊断就能把他给收治喽。每次打完游戏他都说以后再也不玩了，于是统统删掉，可再想玩时，犹豫都不会犹豫一下，重新下载！为此，他爹没少对他吹胡子瞪眼："男子汉，说话要算数！""男子汉，要有意志力。""男子汉，要以学习为重，不然以后谁愿意跟你！"

"以后？以后太久，只争现在！现在咱身后就不乏妹子的身影啊，猫吃鱼，狗吃肉，奥特曼一定会找到愿意挨打的小怪兽！"他爹听完，不禁气消，嘿嘿笑了，"这小子，真是我儿子！"有其子必有其父！

小沈阳曾经教导我们说："前方大路一起走，哪怕是河也一起过，苦点儿累点儿又能算什么？"所以作为他们的好朋友，在看到他们选择理科的时候，我坚定地、义无反顾地、不容置疑地、毫不犹豫地选择了……文科！前方大路可以陪你们一起走，但是河、河……河里有水啊，哥不会游泳！

再后来一晃就高三了，尽管不再在同一个班，我们仨下课依然一起打篮球，周末依然聚一起玩《三国杀》。据说，打篮球可以提高学习效率，玩《三国杀》可以在高考中过关斩将！（本言论纯属原创，如有雷同，实属故意！）

那天玩儿完《三国杀》，我们去吃烧烤，烟熏火燎中心照不宣地意识到这样一起疯狂的日子所剩无几了。十五年的情谊不是一两句话就能表达的，所以谁都没有说什么，只是咳嗽声里有种想哭的腔调儿……

我希望高考来得快一些，再快一些，把堆积在心底的陈年压力统统扫出去；但我又希望时间走得慢一些，再慢一些，我和我的兄弟永远不分离……

梅茜和滚球球的睡前故事

梅茜烦不了

1

我是一条金毛,名叫梅茜。一年前我叫梅西,因为有两个人都很爱足球运动员梅西,后来有个人消失了,老爹沉默很久,就给我加了个草字头,变成了梅茜。

金毛的生活非常复杂,具体表达要十六个字:跑来跑去跑来跑去跑来跑去跑来跑去。

我生活在一个阳光明媚、树很多、草很绿、大家一天到晚傻笑的小区。这里的便利店会卖火腿肠给金毛,但是不找钱。

有天老爹跟我说:"梅茜,讲个故事给你听吧。"

我说:"好。"

老爹说:"从前有条金毛,太穷没有银行卡,后来被边牧拐到山区卖掉了。"

我说:"边牧凭什么拐我,他只会叼飞盘,我会叼妹子。"

老爹说:"妹子只能满地窜,但是飞盘是在空中飞的。妹子要是起飞,你再追都是追不上的。"

我突然觉得很难过,决定和边牧搞好关系,以后万一妹子起飞了，好歹他跳得比较高，说不定能接住。

老爹摸摸我头，说："梅茜，长大了你会变成全世界最好的妹子。"

我说："现在呢？"

老爹说："现在是个傻丫。"

我眨巴眨巴眼睛，号啕大哭冲出门外，满脑子都在想："太惨了，我是傻丫。"

2

小区里的独眼流浪狗突然带回来一条小小小小小小狗，毛茸茸的，眼睛很大。第一次看到他我吓一跳，这么小这么球，很容易滚到阴沟里去吧？

阿独给小小小小小小狗取名叫滚球球。

大家围着滚球球，不敢碰他，我壮着胆子拨了拨他，他就摔了一跤。

牛头梗婆婆说，让他自己走，小孩子要学会自力更生！

滚球球走一米要五分钟，摔十跤。

滚球球喜欢哭，一哭就哭很久。大大的眼睛掉大大的眼泪，掉一颗身子就变小一点儿，我好害怕他就这么哭着哭着把自己哭没了。

阿独从垃圾里拣一堆东西，教滚球球分辨什么能吃，什么不能吃。滚球球说咕咕咕咕，挑了双袜子就啃，阿独暴跳如雷，要抽他耳光。

黑背红着眼睛，一把拦住阿独，大喊："不许你碰他！你再打他，我、我、我、我就跟你决斗！"

大家围起来，把阿独拦在外面，阿独气得狂叫一声，跑掉了。

滚球球咕咕咕咕地哭，大家面面相觑，不知道怎么办。

我说，讲故事给他听吧，听着听着，他就睡着了。

大家说好。

那么谁来讲呢?

大家把目光投到黑背身上。

黑背后退一步,惊恐地说:"那我试试看。"

3

大家趴在草坪上,趴成一个圈圈,中间是滚球球和黑背。

黑背开始结结巴巴讲故事。

4

从前,有四条黑背,分别叫黑旺、黑图、黑岁、黑副。小时候和一个男孩儿在一起,玩得很开心。

黑副最小,所以大家都把吃的喝的让给他。

白天男孩儿和四条黑背,到广场溜达,告诉他们说,将来他们都会成为伟大的王,统治自己的国土。

晚上大家睡在一块,梦见自己变成伟大的王,统治国土。

黑旺说:"我的国土最大,起码三室一厅,光厨房就有两个。"

黑图说:"我的国土才叫大,有广场那么大,密密麻麻挤满了黑背,我喊向左转,一千个狗头齐刷刷地向左转。"

黑岁说:"我的国土在云上面,这样要是我们分开了,我还可以从云上看着你们。"

黑副说:"我力气小,可能将来没有国土,到时候你们记得分点儿给我。"

大家拍拍黑副的头,说:"好,将来我们把国土都给你,这样你的国土就变成最大了。"

有一天，黑旺不见了。

大家急得团团转，男孩儿蹲下来，眼睛亮晶晶地对他们说："不要急，黑旺去自己的国土了。"

黑图说："那里有三室一厅吗？"

男孩儿说："嗯，三室一厅，皇帝和皇后人都非常好，他们帮助黑旺慢慢长大，一长大就把三室一厅都给黑旺。"

大家听得欢呼起来，觉得骄傲和自豪。黑副当时就流泪了，心想：将来一定跟黑旺学习，不要给哥哥们丢脸。

过了几天，黑图也不见了。

大家急得团团转，男孩儿蹲下来，眼睛亮晶晶地跟他们说："不要急，黑图也去自己的国土了。"

黑岁说："那里有一千条黑背吗？"

男孩儿说："嗯，黑背、红背、蓝背、橙背、黄背……什么背都有。"

黑岁目瞪口呆，说："这么厉害？"

男孩儿说："嗯，他们一起奔跑，就变成彩虹了。"

大家再次欢呼起来，其实也就剩黑岁和黑副。

又过几天，黑岁和黑副觉得浑身无力，瘫在狗窝里，动都不想动。

这次男孩儿带着一个中年女人进来。

中年女人皱眉说："这下比较麻烦，前面两条带走太晚，传染到他们了。"

男孩儿眼睛亮晶晶地说："怎么办？"

中年女人翻翻黑岁和黑副，拎起黑岁说："这条必须带走，我给你一点儿药，你给剩下那条吃吃看。"

男孩儿亮晶晶的眼睛忽然滚下来亮晶晶的东西，打在黑副的身上。

黑副努力抬头，舔了舔男孩儿的手。

很久以后，黑副才知道那个亮晶晶的东西叫作眼泪。

黑副努力想笑，问男孩儿："黑岁也去他的国土了吗？"

男孩儿说："嗯。"

黑副说："那里是在云上面吗？"

男孩儿呆了一会儿，说："嗯。"

黑副说："在云上面看得到我们的是吧？"

男孩儿说："嗯。"

黑副松了口气，说："那我就放心了。"

男孩儿蹲着，手抱着脑袋，低到膝盖里，肩膀不停地动。

黑副想爬到他脚边，可惜没有力气。

他想："没关系，等将来黑旺、黑图、黑岁的国土分给我以后，我们就一起去玩。"

5

可卡呃巴呃巴嘴，问黑背："后来呢？"

黑背说："后来，我猛吃猛喝，又挂水又吃药，过几天爬起来，莫名其妙地就长大了。"

我一愣，说："原来你就是黑副。"

黑背说："我本来就叫黑副。"

我说："那我怎么不知道？"

黑背说："你们从来没问过我。"

我挠挠头，说："黑旺、黑图、黑岁呢？"

黑背说："男孩儿说他们都到黑岁的国土去了，在云上面。"

大家一起抬头，看天上的云。

这时候顶楼的窗户被推开，探出一张络腮胡子大脸，喊："黑副，回家吃饭了！"

我大惊失色："天啊！这也叫男孩儿？！"

黑副说:"这不,也长大了。"

可卡说:"嘘,滚球球睡着了。"

大家蹑手蹑脚散了。

老爹来找我,我也回家了。

在走的时候,我冲树后面做了个鬼脸。

我知道,阿独一直躲在后面。

他看见我了,扭过头去,唯一的眼睛里,有亮晶晶的东西。

6

"老爹,我去云上看看好不好?"

"看什么看!怎么爬上去啊?"

"老爹,上面有黑背看着我们呢。"

老爹脸色大变,脚步加快。

我说:"怎么了?"

老爹说:"走快点儿,被黑背看着,会走背运的。"

我一边走,一边望着蓝蓝的天心想:开始在一起,后来在一起,以为很简单,原来是那么难的事情。

这个世界上,应该有很多人都躲在云后面,悄悄地看着自己喜欢的人吧?

穿过云洞成了雨

浅步调

"穿过运动场,让雨淋湿我,羞涩的你,何时变孤寂。"

十三岁的时候,我第一次离开家,一个人跑到一个很远的城市,第一次开始了寄宿的生活。每天想家,每天哭,家里人来学校探望的时候,我就站在宿舍门口,丝毫不顾忌来来往往的人,还像个小孩子一样哇哇地哭个不停。那时候的成长,该是拔节般的明显,每个深夜,似乎都能听到骨骼伸展时发出的寂寞声响。

当有一天发现班里的同学跟之前小镇上接触到的温顺的小伙伴不一样时,你首先关注到了那个最不一样的他。他长得很好看,戴着黑框眼镜,一笑起来,比小镇的天空还纯净。

他家就住在学校对面,只隔条马路,可是他还是每天迟到。你坐在三楼靠窗的位置。早读的时候,站起来读书就能看到他进学校大门,穿过篮球场,一路跑进教学楼的模样。

上语文课前演讲的时候,他会唱周杰伦的歌,还会调皮地把歌词串进演讲稿。那时候,落伍的你开始听广播,第一次知道周杰伦,第一次知道R&B。你在他调位到你侧前方的时候,终于鼓足勇气跟他借了周杰伦的磁带。他看到你也对周杰伦感兴趣,脸上浮现的一刻惊喜,让你知道了什么是一生难忘。

老师会在自习课上拧他的耳朵,可是这不妨碍每个老师都喜欢他。就像你，明明跟他一点儿都不一样，却丝毫不妨碍你越来越喜欢他。有那么一次，你因为感冒，早上请假出门拿药，进学校的时候，忽然想起你曾经看过的千万遍他走进学校时的模样，于是你把伞折起来，穿过运动场，让雨淋湿。

十三岁，我羞涩的你，何时变得孤寂。

"躲在墙角里偷偷地哭泣，我忧郁的你，有谁会懂你。"

初中的时候，偏科的毛病就已经开始扎根，并显示出愈演愈烈的阵势。最开始带着一种不服输的状态，每天把百分之八十的课余时间交给数学，不断地鼓励自己多问数学老师题目，细心些，一定会学好的。

那时候的数学老师是一个胖胖的中年男人，说话都伴随着肚子的起伏，慢吞吞的腔调像吃饭撑着的哆啦A梦。每次要求同学上黑板做题的时候，他总会想到你。而每次成绩出来，也总会走到你身边，说："这次不够好哦，又给你拉分了。"再加上班主任和爸妈一刻不停地叮嘱，让那时候数学的学习都带着一种慷慨赴死般的悲壮。考好的时候少，没考好的时候多。分考少的时候，也会半夜卷着被角，在宿舍偷偷地哭。觉得这种无能为力的感觉，数学老师一定不会懂。

最后的中考成绩，数学还是壮烈了。而多年之后高考的数学成绩，是更加的壮烈。奇怪的是，这么多年过去，虽然一直讨厌数学课，却从来没有讨厌过那个数学老师。

十三岁，我忧郁的你，有谁会懂你？

"把百合日记，藏在书包。我纯真的你，我生命中的唯一。"

你从五年级开始就被老师用作业的理由逼着写日记，一直写到初中，写到高中，成了顺其自然的事情。大学开学离家那天，你把十几本大大小小的日记本整整齐齐地收好，觉得时光好像也没有那么重。那些日记里，你的字体从最开始的无序潦草，到后来变成人见人夸的漂亮字体。你恍然发现，原来时光一直在慢慢地篆刻，像改变字体一样改变了你的模样和从前的生活。那些记录了你所有开心、喜欢、不快、难过的事情，当时以为的天高地厚，在多年后的今天，再读到，竟然流下了泪水。

《人体内旅行》中说，人类是所有动物中，拥有最长青春期的动物，这个时期的很多记忆会让我们永生铭记。而时光最残酷的地方就在于一去不复返，在你得到的那一刻，就注定开始失去。

把百合日记藏在书包，十三岁开始，我纯真的你，我生命的唯一。

李健的《中学时代》，推荐给所有遗失中学时代或者正在中学时代的你。

我的大二班，我的杨老大

骆 阳

大二班——文科班，现有四十六员属性各不相同的战将。战绩毋庸置疑——文科年级第一。要问全学年一共几个文科班，我会自豪地告诉你——三个。怎么？不服气？三个班中第一就不是第一了？

老班大人姓杨名玉成。请你们不要再问我杨贵妃是他什么人了！我要知道现在也不会在这儿念高中，早考古去了。他四十出点儿头，身高不便透露，说起来那是我们老大的硬伤。要非说我也没办法，一米六多点儿。怎么？不服气？一米六就不是身高？姚明要是没有一米六不也才六十多公分。话说浓缩的都是传说，校级教师羽毛球大赛上，我们老大可是一举击败虎背熊腰的政教处主任斩获第一名的。话说浓缩的都是极品，虽然我们老大开车脚够不到油门，但他硬是把屡次迟到的我们踢成了早睡早起的好学生……

大二班的老班是极品中的极品，大二班的地理位置也极其优越——位于学校最高点。所以我们每天都要爬很多很多的楼梯，这样一来，男生可以强身健体来避开外人嘴里"文科班男生都娘"的谣言，也可以让天天喊减肥却不行动的女生迈出最为艰难的第一步。当然，这样的地理位置最便宜的还是班级的文艺青年们。下午放学后，校广播站的音乐徐徐飘荡，有人便会坐在班级那高高的窗台，吹着忧伤的晚风，四十五度仰望天空时，被风拂起了头发……话说，这个人不就是我吗！

大二班真不愧是杨老大带出来的杨家将，阴盛阳衰是本班最为突出的特点，整个班级男生寥寥无几。出于不可回避的客观原因，拔河比赛老大也只好亲自出马来弥补我大二班男生力量上的不足。比赛时，我们亲眼看见老大卖力地抓着绳子，身体大幅度后倾的画面，很多同学顿时泪流满面。我们当时就痛下决心一定努力学习将来好赢在考场上。

中秋节学校不放假。老大当机立断给我们举办一个中秋晚会。他跑去市场买水果、月饼和饺子，我们在班级布置。老大一个人准备了四十多个人的食物，回来的时候满头大汗。中秋晚会热热闹闹地开了起来，学校主任闻声而来要求立即停止。这时候老大站出来对主任大发雷霆："学生一年四季都在这儿住着，好不容易过个节不让回家也就算了，还不让在班级玩一下……"

老大是教政治的，他损人不带脏字并且引经据典，辩证法、唯物论灵活运用，所以制胜就在无形之间了。主任被赶走时整个班级沸腾了，同学们大喊"老大太帅了"。老大低着头用脚在地下画了个圈儿低调地说："小意思。"那一夜，其他班级的同学都后悔当初进错了班级。

除了那一次老大是和蔼的，还有一次就是秋季运动会。大二班不愧是杨老大带领的书香班级，整个班级几乎全都伸不开胳膊腿。本人八百米倒数第四，老大对我微微一笑；小甲铅球倒数第二，老大对其微微一笑；小乙跳高倒数第二，老大对他微微一笑；等到小丙掷完标枪，老大的脸部抽搐了。老大为了不伤我们自尊心，也只能瞅着长跑夺冠的小丁小声地说："当初就不应该放他去理科班。"

老大教学有方，名扬我校，所以产生了一系列的"名人效应"。比如分文理时，我被分到三班却死皮赖脸往二班挤，比如一班和二班班主任为了向老大学习教学方法天天缠着老大，让很多人产生误会……

要问大二班除了拥有杨老大这个活宝还有什么，我会说奇葩有的是。大二班有学年个头儿第一高一米九十多的巨人，人称"大马"，动不动就喝掉两桶矿泉水；大二班有全学年脸最大的妹子，人称"大饼",多次被历史老师定性为智商低下却还是努力学习长期稳居学年前十;大二班有学年第一"娘"的我,人称"纯情",多次被看成女生却依然拥有一颗真汉子的强大内心。总之,学年十个第一,我班至少占八个,正如杨老大的谆谆教导:"虽然我们是二班的,但是我们从来不二,我们永远当第一"。我们牢记教导,把"第一精神"渗透到了各个方面。

  除此之外,大二班还有一台破烂不堪的电脑,勤俭节约的杨老大执意不换我们也没意见,它虽破却依然坚守在工作岗位,它读不出课件时我们等它,它死机了我们等它活过来;大二班还有一台破烂不堪的饮水机,勤俭节约的杨老大执意不换我们也没意见,它漏水我们就堵,它不出水我们依然等……

  大二班就是这么酷。大二班有学霸,有奇葩,有校花,最重要的是有杨老大。我相信,在杨老大的带领下我们大二班能够完胜高中剩余的时光,并且最后人人都能考上一个理想的大学。

  壮哉我大二班!美哉我杨老大!

原来，你们从不曾远走

暖 晗

窗外的叶子都落光了，只剩下光秃秃的枝干，就这样抬头仰望天空，耳朵被耳机里悲伤的钢琴曲充斥得满满的，心里刮过了一阵忧伤的风，就这样不合时宜的，你们又浮现在我的脑海里。

充满意外的开学第一天

"笨蛋诺诺，明明教室在B楼，非拉着我往C楼冲，你看吧，开学第一天就迟到了吧……"我一边没形象地狂奔，一边喋喋不休地数落诺诺的不是。"行了，我的沐沐姐，现在就别埋怨啦，先想着一会儿迟到怎么办吧！要不就说捡到了钱找了一个小时警察叔叔，所以迟到了？"我被诺诺的奇思妙想逗得不行，"拜托，现在哪有那么多钱让你捡啊？再说了，我，啊——"楼梯转角我不小心撞上了一个不明物体，差点儿摔了，手撞在了墙上，疼得直揉。"同学，对不起，你没事吧？要不我……"我还来不及抬头看看谁撞了我，就被诺诺拉着继续往教室跑。

"现在的你们已经是高中生了，作为祖国的花朵，你们……"戴着黑色大框厚镜片的大叔班主任正在唾沫横飞地说着。"报告！"诺诺喘着粗气喊了声。"进来吧，今天是开学第一天，你们就迟到了半个小时，希望这是最后一次！以后上我的课不许有同学迟到，否则就罚站！

好，接着说，作为祖国的花朵，你们……""报告！"一个熟悉的声音从教室门口传来。这时候大叔班主任不淡定了，扶了扶黑色镜框，看了一下点名簿，板着脸说："你是陆阳？到后面去罚站。"诺诺这时笑得花枝乱颤。"你怎么这么开心啊？人家跟你有仇啊？""你不知道啊？他就是刚才在楼梯撞你的那个男生，报应来了。"难怪声音这么熟悉，我抬头看着陆阳，刚好过眉的刘海儿，棱角分明的脸廓，给人一种清晨阳光的味道。

在一起的那些抹不去的记忆

我一直觉得学校做得最神圣的一件事情就是调位，因为它决定了很多人是陌生还是熟悉。

诺诺毫无意外地成了我的同桌，这意味着我们这对死党还将继续在地球上捣乱。而陆阳则意外地成了我的前桌，这意味着命运的大手总将人推向最戏剧的方向。

很快，我、诺诺和陆阳成了好朋友，诺诺总戏称我们是"三剑客"，每次她这么说的时候，陆阳都会笑着戏谑她武侠小说看得太多了。

陆阳爱打篮球，而我和诺诺就成为了陆阳的"粉丝党"。说实话，陆阳的球技真不怎么样，可作为死党，我和诺诺还是逢场必到，然后虚伪地在那儿貌似给陆阳加油，实则在赞扬敌队的队长长得多么像周杰伦。

《那些年，我们一起追的女孩儿》这部电影刚风行的时候，我和诺诺迷上了柯景腾，整天做着成为沈佳宜的梦。那时我特矫情地学电影里的情节，拿了诺诺的蓝色圆珠笔二话不说地戳陆阳的后背，还故作老成地说："孩子你要好好学习，天天向上啊！"结果陆阳气得差点儿把我和诺诺的笔全都没收。

我和诺诺是两个大花痴，收集了很多明星的贴纸（当然，都是帅哥明星），然后贴在文具盒和课本上，整天看着那些贴纸感慨上帝的巧夺天工，赋予人类这么精致的容貌。而陆阳总是厚脸皮地笑着说"我就是上帝最得意的作品"，随之引来我和诺诺的鄙视加无语。

陆阳生日那天，我和诺诺跑到学校播音室给陆阳点了一首《两只老虎》祝他生日快乐，结果课间操播放了这首歌后，陆阳一个星期都没敢去操场打球。那之后陆阳再惹我和诺诺生气时，我们就威胁他帮他点一首《忐忑》。

再美好的东西也有远走的一天

不知道哪个名人说过，再爱你的人也有远走的一天，再美好的东西也有逝去的一天。记得我看到这句话的时候并没有觉得有多么伤感，直到后来我才开始渐渐明白。

高二文理分科的时候，我和诺诺走上了不同的道路。记得开学那天，我特伤感地对诺诺说，要是哪天被理科那些化学反应和数学公式狠狠地打击了，记得来陪孤单的我。之所以说孤单是因为本来说好要跟我一起在文科的不归路上努力的陆阳，也在他妈妈的安排下转学去了别的城市。他走的那天我没有去送他，表面上是因为学校要上课，其实是因为我怕自己会哭，因为我知道可能以后会很长时间见不到他了，也可能再也没有以后了。

没多久，陆阳因为学业的忙碌也不怎么给我和诺诺打电话了。也许是因为别的原因，据说他爸爸和妈妈的婚姻并不幸福，所以他妈妈把希望全部寄托在了他的身上，而陆阳就努力地不让妈妈失望，他也只能努力地不让妈妈失望。

诺诺考入了学校的重点班，换到了离我有一个操场和两栋楼那么远的距离的新教学楼，每天还多加了两节课和填不完的试卷。

我变成了每天一个人上学，一个人吃饭，一个人品尝喜怒哀乐。

原来你们都不曾远走

　　我生日那天，本来以为也就一个人过了，正当我安静地低着头回家时，撞到了一个人。"冒失鬼，你这点还没变啊？"熟悉的声音让我忽然有些感动，难以置信地抬头，映入眼眶的是那张我以为再也见不到了的脸。"陆阳，你又欺负沐沐呢，我可是不同意啊！"回头，诺诺正拎着一块蛋糕微笑地看着我，走过来要牵我的手。夕阳把诺诺的影子拉得很长，给了我一种诺诺离得很遥远的错觉，而其实，诺诺一直就在我不远的前方对我微笑着。

　　诺诺三步并作两步地走过来牵起我的手说："我们，一直，都在。"

　　莫名其妙的，我的眼睛就觉得干渴了……

我眼里的光影碎片

左 海

一月初，坐在人满为患的电影院看那部势必要夺回青春的影片《那些年，我们一起追过的女孩儿》。故事的结尾，柯景腾打着领带穿着帅气的西装去参加沈佳宜的婚礼，新郎不是他。

曾经打青春走过的那些画面开始一幅幅在屏幕上闪现。

那场滂沱大雨里，沈佳宜对不管不顾地朝前走去的柯景腾说："大笨蛋，你什么都不懂。"

柯景腾没有回头："对啊，我就是什么都不懂，才会喜欢你这么久。"脸颊上，没有人知道那是雨水还是眼泪。

短桥上朝空中飘去的白色孔明灯密密麻麻地写着黑色笔迹，那句"好，在一起"醒目地印在上面，留在了蓝天上，留在了旧时光中。纯白色的中学校服上那一团被水笔戳出的墨点，像是记录青春的某种特殊符号，告诉你一切都回不去了，只有怀念。

走出电影院，冷风吹过，脸颊上一片湿漉漉的冰凉。

原来，青春的美好就在于到了故事的最后我们并不一定在一起，但是我们却拥有最好的时光和最美丽的回忆。

《星空》被改编成电影并搬上荧屏的时候，我看着巨幅海报上林晖闵和徐娇纯真的神色，被一把拽进了青春的缝隙里。

就像在那个小巷子，墙壁上投射着怪兽的影子一般，身处青春期的我们何尝不是冲动而凶猛，仿佛一只横冲直撞把自己弄得遍体鳞伤却依旧笑得一脸开心的怪兽？

　　当火车在夜空缓缓开动，当林晖闵因为睡着靠上徐娇的肩头，有颗幼小的种子在心头渐渐发芽，冲出土层一天天攀高，微妙的情愫像美味的葡萄酒发酵散发出阵阵沉香。多年之后，长大后的徐娇变成了桂纶镁，当她在异国的街头看到那一幅幅缺了一块的图画拼图，往事如昨在脑海清晰上演。最后成年的林晖闵在桂纶镁眼前出现，镜头却不再告诉我们他的模样，画面定格在桂纶镁的微笑上，一切美好如初。

　　徐娇在一段独白里说道："虽然一切都会过去，但是在放手之前，想要抓多紧就抓多紧。"那一刻，坐在电影院里的人，有没有紧紧地拽了一下自己想要狠狠努力的拳头呢？

　　寒假在家，看一部名叫《北京爱情故事》的电视剧。最爱的是张歆艺饰演的那个善良女孩儿林夏。当她笑着说"我爱你跟你没关系"时，我在这个女孩儿的身上看到了她对于爱情和友情倾尽全力的执着和珍惜。

　　当故事全剧终的那一刻，我脑海里一直流淌着石小猛说的那句话："时间是在这儿的，流逝的是我们自己。"

　　是啊，时间是在这儿的，流逝的，是我们自己。

白衣少年行未远

战龙寒砚

早晨的阳光安详又慵懒，当阳光细密的脚板行过悬挂着的日历本时，我正一五一十地掰着手指估算着我与死党海子一起经历了多少岁月。

会说话的猪

记忆最初的海子是个高而清瘦喜欢穿白衬衫的邻家男孩儿，留着一头天生黄色短发，常被误认为是不良少年，笑起来痴痴傻傻。刚见他那会儿，是在学校空旷的操场上，那时候他正和我的绝对死党顺子在一起，乐此不疲地趴在锈迹斑斑的单杠上控诉着考试的不必要，讥讽某位老师鲜为人知的怪癖。

我当时认为海子也只是我青春里的匆匆过客，后来海子却成了我青春里的最佳配角。

历史课上，在老师的威逼利诱下，我们心不甘情不愿地做起了一望无际的历史题。"感谢老师给了我们一个免费回顾历史的机会。"海子没精打采地抱怨着。后面一干人等百无聊赖地谈天说地，我瞄了一眼海子的试卷，旋即惊恐道："小子，刘邦三顾茅庐，三英战吕蒙？"海子立即戴上眼镜像个考古学家一样，"抱歉，一时失误。"他傻笑着挠挠头。

"兄弟，你真是一头又瘦又笨的猪啊。"我咯咯地笑着说。

"你只说对了一半，我还是一只会说话的猪。"

我的泡面我做主

夕阳衔山的时刻，画屏天畔，晚霞似火。海子没有与我们一起参加自习研讨会，也没有和我们一起去L中餐厅吃晚餐。我和小姜对视一眼，心领神会。

在暮色的掩护下，海子窃贼般偷偷摸摸地护送一碗泡面回到了寝室，在他进门的那一刻，小姜伸出他粗壮有力的右手拍拍海子，海子机械地回了头，讶异不已，我和小姜伸出手表示交出来大家一起享用的意思。

"你们别动，我的泡面我做主。"他左手护面，右手向前，表情痛苦不堪。

我和小姜对视一眼，摇摇头，冷笑了几声。他见势不妙，连连后退，"好了，看在你们没吃过的份儿上，就给你们。"他一脸不舍地闭目相送，我和小姜一左一右小心翼翼地接过。海子趁机转过身，甩甩被烫过的手，还喋喋不休地让我们嘴下留情。

在他忐忑不安地回头的时候，碗里只剩下汤，于是他怒不可遏地从不知是谁的床底抽出一只崭新的拖鞋向我们凌空劈来……

白天不懂夜的黑

进入新校园的那一年，我和海子沮丧地发现高中生活远没有想象中的丰富多彩，相反竞争日益激烈，每天起早贪黑，忙得焦头烂额还会落后，我和海子碰面的次数也随之减少。

我们都年少轻狂地以为自己百毒不侵，无所不能，能够征服全世界，直到那时我们才意识到自己的无能为力。

周六的晚上，学校处于无课状态，我和海子大摇大摆地踩着凉拖，背着双肩包，海子偏执地穿着一件白衬衫，衣服兜里装着微笑的柯南，他吃着廉价的冰棍，摇头晃脑地哼着苏打绿的歌曲，脸上的白色呈病态。

"小子，你是不是上次的模拟考又栽跟头了？整天面色凝重得像生吞了一颗臭鸡蛋似的。"我扭过头看着此时吃兴正酣的海子。

"哪有？"他又指指上空，"现在什么时候？"

"什么意思？"我被他问得一头雾水。

"你不懂我的悲伤就好像白天不懂夜的黑。"海子傻兮兮地笑着向前跑了几步，我没好气地跟上去暴揍了他一顿。

天空不要掉眼泪

十月的那几天，海子就像人间蒸发一样销声匿迹，而那时的我们已贵为高二生。

舍长阿尘呼呼大睡的时候，我趴在宿舍前的围墙上，海子像个重刑犯一样迈着沉重而缓慢的步子向我走来，他面色沉重，嘴角失去了往日的俏皮，"兄弟，我明天要走了。"

"噢，怎么回事？"我还是朝前看，"那还回来吗？"

"我要休学了。"他轻描淡写道，"也许会回来，也许不回来。对了，还有这本书。"他拉开背包拉链，发出沙沙的摩擦声，把那本熟睡中的东野圭吾的《白夜行》递到我的手里，"这本书或许能对你有所帮助。"

海子没有再试图说什么，拍拍我的肩然后转身离去。我望着手中的书，纸页在晚风的戏弄下上下翻叠，发出的窸窣声好像是在哭诉。

我们的未来不是梦

时间就这样不紧不慢地走过，海子也没有再回到这个令他诞梦又碎梦的逐梦之地，在外面为了生计四处奔波，而我就在高三的激流中滚来滚去，险中求生。

我们都以为青春如诗，那些被赋予青春之义的伤痛永远刻骨铭心，只不过后来的我们才会明白那只不过是调皮的时光在给我们挠痒。

六月末，海子打电话对我说要隆重邀请我参观母校，我欣然应允。见到他的时候，我们相互碰拳。他没有实质上的变化，高而瘦削，一脸傻笑，喜欢穿白衬衫。一路上我跟他说未来真的好迷茫，不知该何去何从，他一脸傻笑地说："放心吧，我们的未来不是梦。"

学校后的空地上杂草丛生，前方是老教学楼，我们曾经上课的地方。那些单杠像一个个饱经岁月风霜的老者，墙边有几株长相可爱的紫色小花，瞬间斑斓了那儿的小小世界。

"嘿，快看！"海子欣喜若狂地从草丛里捡起一支笔，"这不正是你展示高超转笔技术却失手让它跑掉的那支吗？"

我莞尔一笑，它就像是两段错开的时空相互碰撞掉落下的记忆残片，安安分分地抵达它宿命般的时间节点，等待着被海子和我发现再拾起，然后所有遗忘的往事纷至沓来。

我迎着金色的阳光抬起头，天空蓝得像一片平静的湖面，倒映出我们曾经的模样。

左岸，魔法兜转

不知你有没有看到过这样的梦境。云朵上面住着窃窃私语的精灵，白色翅膀的金鱼在天空游弋，巨大的尾鳍搅动着空气。游乐场里到处都是散落的玻璃瓶，盛着幸福的糖果。年轻的魔法师是来自永无乡的少女，手边留着昨夜毛茸茸的公仔，逆光的脸是温柔的轮廓。

那样一个属于天空左岸的世界，你真的相信吗？

左岸，魔法兜转

苏浅宁

不知你有没有看到过这样的梦境。云朵上面住着窃窃私语的精灵，白色翅膀的金鱼在天空游弋，巨大的尾鳍搅动着空气。游乐场里到处都是散落的玻璃瓶，盛着幸福的糖果。年轻的魔法师是来自永无乡的少女，手边留着昨夜毛茸茸的公仔，逆光的脸是温柔的轮廓。

那样一个属于天空左岸的世界，你真的相信吗？

我相信过。

左手边微笑的女孩儿，乘着永无乡吹送来的季风离我而去。她展开光耀洁白的翅膀，对我说："我是住在天空左岸的魔法师。"她留下了我，以及不可倒带的缭乱年华。

天天天蓝，好耀眼

顾天蓝看到艾堇的时候发了一小会儿呆。

窗外的世界已经渐渐开始接受这种暖得像猫的天气，风里夹杂着细小的草籽，给时间和空间都染上了绿色。顾天蓝把收上来的作业本码整齐，堆放在讲台上，然后扯着嗓子大喊还有谁没交作业，下面响起瓮声瓮气的声音来，她看了看那只举高的手，迅速地跑过去。

就是这时候，她看到了站在门口的艾堇，一身淡白的衣服，逆光的脸庞照出毛茸茸的轮廓来。

有那么一瞬间，顾天蓝眯起眼睛，以为自己出现了幻觉。然后她朝少女的方向摆摆手，"等我一下。"一边把那本字迹缭乱的本子拿过来再以百米冲刺的速度跑回讲台。

顾天蓝从办公室里出来的时候，艾堇走在她旁边，拿着包装精美的礼盒。顾天蓝低下头去看她的手，"喂，这礼物要给谁的啊？"

"天蓝，明天是妈的生日哎，你不记得了？"

顾天蓝懊悔地拍拍自己的头，"怎么办，我竟然……忘记了！礼物还没准备……"她低下头，心里盘算着要挤出多少零用钱。

旁边的少女"扑哧"一声笑了出来，把礼盒朝身边懊悔的天蓝递了过去，右手去揉她的头发，"礼物嘛，我帮你买了。妈最喜欢的杯子昨天不是摔碎了嘛，你要是送她这个一模一样的，她一定会很开心……说不定还会给你做你最喜欢的水煮鱼呢！"

顾天蓝抬头去看满脸笑容的艾堇，一把环住她的脖子，在她的颈窝上磨蹭。"哇，姐姐最好了，我会把水煮鱼分给你吃的！"然后心满意足地抱着粉色的礼盒跑开，回头对艾堇做了个拜拜的手势。

赶回教室的时候一大群女生立刻围了上来。顾天蓝把礼盒塞回书桌，对着劈头盖脸而来的诸如"你跟学生会会长怎么那么熟？""你跟艾堇认识啊？"之类问题有点儿汗颜。

"停——"顾天蓝做了个颇无奈的手势，然后趴在桌子上，用平静的语调说出了一句让全班同学都大跌眼镜的话来。

"艾堇，我的亲姐姐啊。"顾天蓝翻了个白眼，把下节课要用的课本拿出来。

"啊？可是，可是你们是不同姓的啊！"一秒钟的沉寂之后，人群里炸开了锅。

"她跟妈妈姓，我跟爸爸姓，他们觉得这样很公平，"顾天蓝瞥了一眼窗外，"早出生一年而已嘛。"

姐姐艾堇，如果除去学生会会长、奥数比赛第一名、歌唱比赛冠军这些辉煌的称号之外，也不过是个普通人吧。可是她那么优秀，有礼貌，像有一种与生俱来的光芒。顾天蓝眯起眼睛，一个父母生的，怎么会有那么大的差别呢？

头顶是呼啸而过的飞机，心跳漏了一拍

两个人一起过了怎样的十六年。

买相同的衣服相同的书包，会在别人"哟，多像一对双胞胎啊"的赞叹声中微红了脸，然后相视而笑。

艾堇是在那个暑假开始慢慢变得奇怪的。从最开始的叫她需要叫两次，到后来顾天蓝递水过去时对方完全没有注意到。

顾天蓝微微皱起眉头，手放在姐姐的肩膀上，"姐，你最近一直在发呆，怎么了？"

艾堇回过神来，轻轻地握了下天蓝的手，自动跳过这个问题，"出去走走吧，你不是说一直想去爬电线塔吗？"

自以为不怕高的顾天蓝把自行车扔到旁边的草地上时抬头看了一下，阳光刺得她眯起眼睛。"以前一直想试着爬一下，可是……真的很高啊。"她把手放下来，求助似的望向身后的女生。

"那么，一起上吧！"艾堇用着鼓励的口吻，边说边走上去。

旋梯刚刚用油漆刷过，呈现出好看的白色。其实爬上来的话也没什么好怕的，梯子并不陡，两个人慢慢往上爬。顾天蓝自顾自地说了一句："我觉得其实也不高的哈。"艾堇没接话。顾天蓝看着她的背影，觉得越来越奇怪。

爬到顶端的时候，顾天蓝望着眼前的平台有点儿欣喜。虽然没什么别的东西，但这样一望无际的感觉让人很舒服。三月的风打在脸上痒痒的。顾天蓝想，她总算明白了为什么那些爬到山顶的家伙都要傻瓜一样大喊大叫，原来站在这样的地方，能够让人突然感觉到"世界"这样虚无的词语真实存在。

几乎已经能看得出弧度的地平线，天空上堆积着大朵大朵的云。

两人并排站在看台上面。艾堇把帽子拉下来，闷闷地说了一句："如果有一天我不见了……如果有那么一天的话，我们都要怎么办呢？"

顾天蓝有点儿不高兴，"乱说什么啊，最近你总是奇奇怪怪的哎。"她抬头看天，一架飞机驶近，拖着一条懒懒的白线。

面前的气流突然变得急促，艾堇的头发张扬地飞起来。头顶是让人猝不及防的巨大轰鸣声。顾天蓝有点儿受不了地捂住耳朵。顾天蓝没有听到在飞机驶过的巨大的轰鸣声里面姐姐说的那两句话："感觉……快要离开这个世界了呢。""天蓝，相信吗，我是来自天空左岸的魔法师。"

走下高塔的时候，顾天蓝瞥了一眼天空，在层层白云堆积起来的高处，散发着一些莹莹的光。那是云朵之上的蔚蓝色浮光。她以为是什么奇异的天体现象，大声叫着："艾堇艾堇，你快看，那里好漂亮！"兴高采烈的她没有注意到艾堇眼里异常的神色。

长发少女心里在想，天空左岸出现浮光，是在召她回去。

很久之后想再回到这一天，两人一起的时光。却只是空徒劳。

你拆毁我的国度而去，留下了空城池

魔法的齿轮已经开始转动，我们都没有选择的余地。只是盛着糖果的罐子碎了，旋转木马找不回来了，连那么优秀的女孩子都不见了。

是不是每个新学期伊始，都有这么一种不情愿的感觉？顾天蓝从床上懒懒地爬起来揉着眼睛出现在房门口的时候，看着眼前陌生的男孩子，以为自己出现了幻觉。

餐桌上正在啃面包的艾简流看见顾天蓝睡眼蒙眬地呆看着自己，觉得有些好笑，就顺手拿了个面包扔给她，"今天是新学期第一天啊，天蓝大小姐，赶快吃饭跟我一起去学校吧。"原来不是幻觉。顾天蓝看着不认识的男生,"你……你是谁啊,你在我家做什么?"顾天蓝跑过去接住面包,环顾四周,没看见艾堇。

"你没发烧吧。"艾简流白了她一眼,"这什么记性啊,连自己亲哥哥都不认识了,还没睡醒吧?"

顾天蓝呆在原地。"艾堇,姐!"她一边大叫着一边去推艾堇的房门,却被眼前的景象弄得一头雾水。

八米之外,餐桌上的艾简流,因为顾天蓝的那句"艾堇,姐!"而产生小小的涟漪,他低下头去,若有所思。那紧皱的眉下,颠覆的记忆滚滚而来。

生活的世界一夜之间有了转变,一个人凭空消失了,另一个人又那样陌生地出现。这是童话还是魔法师施下的诅咒?

你的气息还留在耳边,仿佛从没离开过。

倘若你相信远路,云总有晴天

空气里填充着细小而温暖的奇迹,装满云朵的沙漏记录着破碎的时间。长发女孩儿的身边游弋着巨大的金鱼,悲伤陷落进去。

一直都相信有魔法师存在。可是为什么,当幻想变成现实,便再也不是童话故事那样的旧日温存?

嘘,听,小兔子在窃窃私语。

这是噩梦,还是上天开的无聊玩笑?

只不过顾天蓝已经没有时间思考这样的问题,一切都变了,艾堇的卧室,墙上的照片,教室的学生名单,学生会主席的职位,还有周围人关于这么一个女孩子的记忆。

那些关于艾堇的东西,她生活的痕迹,她留下的记忆,统统都被换成了一个叫作艾简流的男生。那些充斥着天空的电线,唰唰流过电流的声音,埋没了一切无关的喧嚣。

当顾天蓝疯跑到艾堇的班级里,对着那个胖胖的班长很不礼貌地说"我要看一下你们班学生名单"的时候,她脸上的神情就像一头受伤的倔强小兽。可最终她没有找到自己想要的结果。左边第二排靠近窗户的位置,那个本来应该属于一个叫作"艾堇"的优秀女孩儿的位置,此刻被填上了"艾简流"的名字。

她皱着眉,眼睛在那个空座位上来来回回打量。

"艾堇……那个学生会主席……"

被质问的对象爽快地打断了她的话:"学生会主席艾简流啊,他不是你哥吗?他还没来。话说回来,艾堇……是谁啊?"

顾天蓝心里积了满满的怨气,好像稍微一动就会不可遏制地爆发出来。

艾堇消失了,带着所有人对她的记忆一起消失了,可是为什么只有我一个人还记得?

楼梯拐角处的艾简流,呆呆地站了五分钟。他看着前面顾天蓝不知所措的背影,眼睛里笼上一层淡淡的阴影,脸上看不出丝毫悲喜的表情。

顾天蓝转身准备回班的时候,看见了面前的自己现在的哥哥。在她怔住的那两秒钟里面,艾简流走了过来,在她耳边说了一句话。

"想知道吗,那个天空左岸的魔法师没有带走你的记忆吧?放学后一起去爬那个电线塔,会发现点儿什么也不一定。"黑发少年小声地像在诉说一个久远的秘密。

两人同时掉进温柔的魔法陷阱

不知道为什么他会知道这些事情,顾天蓝扶着梯子向上爬的时候转过头去看艾简流,张了张嘴却什么也没说。

电线塔顶和上次来时没什么区别,很大的一片空地,能够看到天边。

艾简流慢慢地沿着边缘走。他转过头去,看见很模糊的幽幽的蓝色浮光。

"想听吗？她用魔法囚住你我的故事。"

天蓝停住脚步，"说清楚点儿，什么叫'囚住你我'啊？"

五年前，艾简流初遇来自天空左岸的魔法师，她那样凭空出现在偌大的电线塔上，笑着对他说："你相信有魔法师存在吗？"他犹豫地点了头，然后就突然失去意识，最后看见的一幕是天际的浮光。

醒来时第一个看见的人便是艾堇，她背过身去，说："我们来玩一场魔法游戏。"

于是就有了整整一年错乱的记忆，艾堇莫名其妙地成为艾简流的双胞胎妹妹，他们被安排在同一个班级里，共同分享学生会主席的职务。

那时艾简流问她，他真正的妹妹到哪里去了。艾堇拍拍他的肩膀含笑回答："天蓝一直都在啊，她存在于现实生活里，仍然是你的妹妹，只不过你却活在我的魔法世界里面走不出去了。"

这一切都是魔法制造的幻觉，不曾存在过的真实感。

事情终结于一年后艾堇的消失，她也是那样子被莫名其妙召唤回去的。世界重新恢复成原来的样子。艾简流和顾天蓝才是真正的兄妹。

原来是这样啊，十几年的记忆归咎于一场盛大的幻觉，现在的世界才是原本的真实模样。那个叫作艾堇的消失不见的魔法师，困住了我们的记忆和时光，带我们去了那样一个不真实的世界。

尽管顾天蓝不想承认她对于这个现实中共同生活了那么多年的哥哥找不回一点儿记忆，但她终于有点儿明白，颠倒的她的小世界，开始渐渐恢复正常。

"是这样啊，"顾天蓝吹着迎面的晚风，深深地吸了一口气，"难怪我觉得她太美好了。"

魔法的束缚似乎落下帷幕。

天空的季风吹了一整个聒噪的季节

生活这样进行下去。渐渐习惯有艾简流而不是艾堇存在的日子。

直到——

顾天蓝收拾好书包准备回家,教室的门口却多了个长长的影子。她抬头去看,逆光的轮廓笼罩周身。长发,女生。长发的,熟悉的女生。魔法里走来的女生。曾经消失不见的女生。

魔法师回来了。

她眯着眼睛看了一小会儿,嘴角扯出一个笑容:"太好了,你回来了。"

她向着光源跑过去。

又是一个未知的世界。

水 泽

YOU AND I

1

> 在我们共同奔赴瀚海的过程中，感谢这一份相逢的缘，让我寂寞的沙岸因此有了历历的春景。
>
> ——《水问》

五月未央，美术比赛落幕，校方将获奖情况公布并将参赛画作展览于主楼的一楼，惇宇被同桌硬拉来和拥挤人群凑热闹，挤到人群中，看到布告栏上排名第一的醒目的红色字体正是惇宇的名字。他不以为意，对获奖没有兴趣，绘画对于他只是一种兴趣，参赛也只是可以较量高手的好机会。撇下人群中的同桌，他自顾走到参赛画作的公告板面前凝神注视，果然人外有人，比他画得好的画作不少，对于获头奖这回事，他只觉运气使然罢了。

"你……你是艺术班的惇宇吧。"一个轻柔的女声凌空而来，打破他专注的深思。

"……我是，那你？"惇宇迟疑了一下才回答，显然惊讶于这陌生的女生如何认识他。

"你好，我是音乐班的馨斓，你在学校参加的几次比赛我都有关注，你的画很耐人寻味。"

说到比赛，还得归功他的名次总能名列前茅，否然很难受到他人的关注。他对这样的评价有着些许惊喜，毕竟要做到耐人寻味不是易事，心里虽然感激，口中却无论如何不知道如何表达。"能与你做朋友吗？"馨斓的话填补了接下来的沉默。"当然！"惇宇在心里舒了口气，总算是没让气氛冷场，莞尔一笑。

这时他才仔细注意起女生面貌，一顶顺溜的秀发披到肩头却不失活力，清纯的脸蛋儿，乌黑的双眸，一口洁白的牙齿，让人看了就想与之交谈，这种感觉对于惇宇是很少有的。而惇宇有着健康的麦色皮肤，浓密的眉毛下一双清澈的眼睛，坚挺的鼻子，整洁大方的衣着。两人对彼此都有着莫名的好感。

馨斓告诉惇宇，她喜欢书信带给人的交流沟通，从一个人的笔迹及其文笔可深层揣度其人格性情，助益彼此了解，相识，相知。于是，在紧张匆忙的学习生活中，以书信苦中作乐，忙里偷闲，算是一种解压的方式。以后，他们经常书信来往。

惇宇是一个不善交际的人，亦不喜随意向他人敞开心扉。若有人急于了解而频繁地要求他诉说自己的故事，他会很难接受这过度的热情故而疏远对方。他一直深信，君子之交淡如水。相反，能和他保持一定距离的人，反倒受惇宇喜欢，彼此交往也更加融洽。也因此，馨斓和惇宇交流的方式让他感觉轻松舒服。

2

认识你愈久，愈觉得你是我人生行路中一处清洗的水泽。

——《四月裂帛》

就在那充满频繁的日常测试、师长对其功课的质疑及给予的种种压力日益增加，抑或是自己几次近乎意志不坚定欲放弃的生活里，惇宇也不断在一个个午后收到馨斓的书信，书信来往的快乐似奔泉涌入他那因干渴而龟裂的心田。他总能收到馨斓的信，信中看到温柔如水的娟娟字迹，读信闻香，让他心生喜悦。

炙夏，"呲呲"蝉鸣，"呼呼"风声，伴着淙淙流水声构成夏日里的一支交响曲。

那是个周末的午后，惇宇端坐桌案前，呆然凝望窗外景象。烈日当头，庭院桑树绿叶浓荫，耀眼的翁郁之下是一片可以小憩的树荫，偶有清风徐来，更使人心旷神怡。大地呈现一片疲倦之后的宁静，唯独调皮的蝉，蝉鸣不断。目光回到桌案，见角落处一封忘了拆的信。打开信封，掉出几片薄荷叶，叶片还保持鲜绿，置于手中小心闻之，是一股令人舒畅的清香，倒是给了他惊喜。馨斓在信中提及喜欢薄荷独特清香，闻之总令人筋骨舒爽，又能提神醒脑，摘几片给他分享。他感受到了，心中有谢。

又读到这样一段："……近日阅你书信，不难从稍许沉重之语调及所诉之事觉知，你不很快乐，我这样猜，对吧？"惇宇边看边想："这……大概是被你读出来了。""你又笔下诉言心之烦恼郁闷又纷乱嘈杂，难以沉淀自身。我自小身处信仰佛教家庭，日复一日，年复一年，又加上耳濡目染，自是有些许独特体会，我读过《心经》，其除心之尘埃、蔽外界之嘈杂甚为有效，若你愿意一试，我且教于你。"真有其效？惇宇愿意试试，那么听其娓娓道来。"……心无挂碍。无挂碍故，无有恐怖，远离颠倒梦想，究竟涅槃……自可多琢磨加念诵，会有意外收获。"口中便诵念起来，又见她在信中大致注解，心中默念几遍。又见她信尾写："烈日炎炎，当注意消暑。"看到这里来，今日紧缩眉头已是舒展开，心情已是阴沉转晴云，又如沐春风，凉风习来，吹走暑气，身心欢畅，甚为欢喜。

3

煎熬过生活每一个抑郁的时刻，必须寻求信仰所在。

——《月棠记》

惇宇在学校寄宿，周末才回到家。在学校的日子简单繁复却也不少乐趣。前些日子宿舍好几人去校外聚餐庆祝一宿友的生日，饭菜是比学校饭堂的丰盛，吃得也饱足。

第二天清晨，惇宇昏睡在床上，让胃痛疼醒了过来，又觉全身发热无力，难受得很。室友见其脸色不好，探了一下冒着冷汗的额头，果真烫得严重，惇宇让室友帮他请假，拿到请假条室友又帮忙整理了一下必需的衣物并陪他坐了车回家。一小时左右的路程在今天对惇宇来说是多么漫长难熬。

回到家后，母亲对其室友道完感激，连忙从药柜抽屉取出止痛药，先让他含水服下半颗，再送往医院去。等到看完病回到家已经是傍晚了，天空喷薄出血般的斜阳。他在床上辗转反侧，尽管有吃止痛药，胃还是一阵一阵轻微地痛，头昏昏沉沉，过了许久，才缓缓睡去。

在家里休息了几天，惇宇在家吃简单的食物，规律地作息，胃不太难受的时候还帮母亲处理一些家务，而胃难受的时候便会在床上躺许久许久。这样的日子过了三天，第四天收到馨斓的来信，问候他没来学校的原因，并讲述了近日自己的生活琐事。惇宇收到她的信心情愉悦，在信中告诉了自身的情况，也写了一些近日做的事情。写完后，他很想要出去走走，跟母亲道了一声并让母亲不要担心，不会走远。出门前站在镜子面前，讶异自己的乱发与略显苍白的面容，稍微整理了一下才走出门外。

天气舒爽，淡阳斜照，他漫步于巷道中。偶然看到一户人家在庭院桂花树下喝茶、闲坐、吃点心，小孩儿与慵懒地躺在树荫下的小狗嬉戏，不自觉驻足半响，仿佛也闻到了茶香，品到了欢笑。他想到明天可以回校了，嘴角露出浅笑。

4

把喜悦绑缚在自己身上的人，反而毁灭了长着翅膀的生命；当喜悦飞去而吻别的人，将活在永恒的朝阳中。

——威廉·布莱克

悼宇回到学校，又开始像往常一样生活。他还是利用午休的时间到图书馆看书，在文学类书籍中选了一本名著走到一个角落，安静地坐下。刚刚端坐，眼睛瞥见一个身影，清纯的脸蛋儿、乌黑的双眸、不同的是秀发扎成一条马尾，多了份活力，是馨澜。她也回望了悼宇，两人相视一笑，没说话，不敢打破图书馆的宁静，回到各自的书中去沉浸其中。

临上课还有半个小时，悼宇用校卡借了书走出图书馆，馨澜也尾随出来了。"下午放学后我练琴，你来吗？"馨澜先开了口。"没什么比这更好的了，反正课业不重。"他回答，并爽朗地笑。

放学，悼宇收拾好东西走向馨澜所在的班级，走到一半迎面也走来了她。两人并肩走了段路，来到舞蹈室。舞蹈室空无一人，走进去，一大面镜子直立墙壁，这是学生跳舞时自己检视动作规范用的，左边角落是钢琴，靠近钢琴的墙壁上是窗户。馨澜走到钢琴前，坐下来。双手轻轻放在琴键上，稍微吸了口气，熟练地弹奏起来，专注、自信、忘我。悼宇尽量不出声音地走向窗户，缓缓推开窗，清风徐来，轻拂他的脸颊，闭上眼睛，便感受到一觞一咏足以畅叙幽情的情致。他睁开眼，望着馨澜，风亦吹拂着她的秀发，她忘我地弹奏着，虽然听不出什么曲子，但可以大概感受到曲子的情致。于是他也忘我地置身其中，感受此刻的美好。

5

如果能够有对时间更多的准确性,也许我们会对彼此更为郑重。

——《素年锦时》

远处蝉鸣打断了馨斓的琴声,她双手离开琴键,走向窗户,靠在窗沿,眼神迷离。

"我喜欢这儿。"她指向窗外广袤的田野。

"哦?"

"我常常来这儿看田野。你看,绿油油而直挺的水稻,风悄悄地掠过,便成此起彼伏、颜色层次不一的波浪。葱郁茂密的芭蕉,叶片硕大修长,令人看之有雨天躲在芭蕉叶下观赏大自然风景的冲动。还有四季不同的蔬果,卷心菜、甘蔗、玉米、西红柿……一直以来很向往"开荒南野际,守拙归园田"的生活。哎,是不是很可笑?"

"怎么会,有自己追求的人比那些没有追求的人好很多呢!"

"我突然感到自己有些像三毛,一生最大的愿望便是拥有一片自己的农场,过着乡野生活。离不离谱?"

"你也看她的书哦,我也有点儿被感染到呢,哈哈!"

"我喜欢这里的生活,可是……"

"可是什么?"

"这件事困扰我很久了,我觉得要告诉你。"

"如果不介意,不妨说来听听。"

"我要离开这儿了,这学期结束就离开。父亲让我去英国留学,我自己会在那里生活。我委实理解父亲为我的教育付出了不少精力。一方面,不敢断然拒绝父亲;另外,我也有种必须闯南走北的宿命,那是我自己认为的,别见笑。所以,我也欣然答应父亲的要求,你说这样是不是很好呢？"

"……你自己做了决定很好啊，早晚是要走出这城市的。"惇宇静默了好一会儿，才回答道。

"到了那儿以后，你能给我写信吗？我会孤单的。"馨斓轻柔地问道。

"没问题，我会想你的。但现在，是否有幸再听一次你弹的琴声？"馨斓莞尔，又走向钢琴坐下来……

6

我想成为你最好的邂逅，最难的再见。

——《云治》

生命时光向空中闪电，像急流冲下山脊，匆匆消逝。一学期结束了，暑假是每个学生都欢喜的假期。

惇宇依旧喜欢端坐家中桌案前，呆然凝望窗外景象，然后看书写读书笔记，听听轻快放松的音乐，以及不忘给馨斓固定地写信。他无聊的时候，就会把馨斓的信拿出来反复读，似乎能回到他们相识的时候，还能听到馨斓弹奏的优美钢琴曲。有时候独自走上田野，拿出相机把乡野的美丽拍摄下来，部分做成明信片，写信的时候顺便寄给她。

整个暑假他井然有序地过着，每天都给自己安排不少的事做，也算充实生活。新学期开始后，学业紧张起来，他写信写得少了，为了应付紧张匆忙的课业，他几乎没有空闲的时间。

半个学期过去，快得惊人。

那是个寒冬的周末，惇宇在家稍稍地放松平时紧张的神经，不自觉又想起了馨斓。傍晚的时候收到一封信，他兴奋地打开，果然是馨斓的。迅速地浏览整封信，看到这样一句话："我已经在回家的路上了，你看这封信的时候我差不多到家了。想要出来走走吗？"惇宇深怕自己看错，又仔仔细细地读起信来，读了有三四遍，反复把那句话看到一字不漏地背出来。于是，他走到客厅，熟练地拨起号……

"你好，请问馨斓在家吗？"

"你好，我是馨斓。你是……"

尚好的青春都是你

zzy 阿狸

邮递员拿来Z中录取通知书的那个下午，爸爸去了医院检查，剩下夏禾一个人留在杂货铺。那会儿她正在杂货铺里打瞌睡，手里还拿着夏木借给她的相机。夏天的空气像流下的汗一样黏稠，再大的喜悦瞬间也变得湿漉漉。

夏禾刚把通知书小心折叠放进口袋后，杂货铺里来了一个满头大汗的男生，一边焦虑地向四处张望着什么，一边有点儿不耐烦地说："来一瓶百事可乐。"

夏禾熟练地从冰箱里拿出一瓶可乐递给男生，收过钱后就开始摆弄手上的相机。早上的时候夏木认真地教了她很多遍如何使用，可夏禾怎么也学不会调焦。夏木由于要上口琴课不得不先走，但临走前还是交代夏禾要好好练习调焦。

夏禾专注地一张一张地拍，竟然没有发现喝着可乐的男生一直在饶有兴趣地看她。

"咔嚓"一声，夏禾碰巧拍下了喝可乐的男生。

男生一脸窘迫地说："你干吗拍我啊？"

夏禾想了想，倒很淡定地反问道："你怎么那么确定我拍了你？"

男生的脸一下子红到了脖子根儿。

最后男生小声地嘀咕了一句："我知道我长得帅，但也不能随便拍人家嘛。"然后大摇大摆地走出了杂货铺。

夏禾朝那个男生的背影翻了个大大的白眼。

晚上的饭桌多少显得有点儿尴尬。

夏禾把煮好的最后一个菜端上饭桌后，妈妈还在拿着电话聊个没完。爸爸拿着筷子，低着头，显得有点儿不知所措。

爸爸当作听不见妈妈电话里的暧昧，用筷子敲了敲摆在妈妈面前的碗，小声地说："该吃饭了。"

没想到妈妈竟然来气了，挂掉手机后冲着他大喊："吃什么吃啊，有什么好吃的！我看见你就烦！"说完，她把筷子扔在地上，拎起贴满了闪钻的包摔门而去。

爸爸张了张嘴，最后只是叹了一声。

夏禾捏着通知书的手还是缩回了口袋里。

晚上躺在床上，夏禾的心乱得很。如果爸爸没有出那一次车祸，那么妈妈是不是就不会嫌弃爸爸走动不了，就不会一边和爸爸闹离婚，一边在外面找男人，今天是不是就可以一家人开心地庆祝她考上了本市的重点中学Z中呢？

可是没有如果啊，就好像一场考试完毕和同学对完答案后，总会捶胸顿足地说如果没有把那题的答案给改了，如果默写题没有在那个字上多写一点……只是再多的如果，也不会让现在的她好受一点儿。

不如向前跑。

最后夏禾决定了无论怎样也要去念Z中。

站在街头派传单不是一件很容易的事。

好不容易占了个有树荫的地儿，但传单硬是派发不出去。话到嘴边还没说出口，行人已经摆摆手走开了。

就这样站下去也不是办法。

所以夏禾蹲了下来。

眼前出现一双运动鞋，夏禾有气无力地朝上伸出一张传单，脸朝下说："先生，这是电脑城最近的优惠活动，麻烦你看一下。"

运动鞋先生没有挪开脚步，倒是蹲了下来问她："起码也得给我嬉皮笑脸一个吧？搞得好像派传单给我倒是难为了你似的。"

夏禾抬起头，一张熟悉的大脸跑进她的眼帘。

运动鞋先生夺过她手上一大半的传单，走到马路对面派发起来。

夏禾冲着对面的运动鞋先生喊："谢谢你，夏木！"

夏木仍然在认真地派发传单，但脸上挂着一抹不易觉察的喜悦，在炙热的日光下显得无比温柔。

终于开学了。

通过派传单、在快餐店当服务员等兼职，夏禾赚了一千多块钱，交完学费后还剩下几百块添置学习用品，晚上夏禾捏着这几百块钱沉沉地睡去了。

这直接导致开学那天她迟到了！苦苦哀求校警放她进去后，匆匆地按着指示牌赶到了高一6班。

夏禾使出了浑身的劲儿从班门口围得水泄不通的家长中挤进教室，那会儿老师正在安排座位，刚好只剩下一个男生是单桌，便安排夏禾坐在他的旁边。

夏禾不敢有怨言，本来迟到就不对了。

她坐下去的时候，没发现窗外有人正在一脸忧虑地盯着自己。

夏禾灰溜溜低着头坐在位置上，气还没喘匀，班主任就要求同桌之间互相认识一下。夏禾在心里吐槽了班主任一万遍。她从包里掏出从家里拿来的白开水喝了一口，脑袋里仍在回想着刚才迟到的事。

同桌倒是不安分了，用手肘推了一下夏禾，揶揄地说："你上次偷拍了我照片，这次你也该主动介绍下自己才对啊！"

夏禾差点儿一口水喷出来，没好气地说："我叫夏禾。"

同桌热情洋溢地向夏禾伸出"爪子"："你好，我叫杜木。我初中是在金鸡中学念的，我的爱好是打羽毛球和看书，我喜欢听孙燕姿的歌，我这人不挑食但肥肉除外……"

夏禾闷闷地打断了他："你有完没完啊？"

班主任环视了教室一圈后满意地说："这次座位安排得非常好，如果大家没意见的话就等到期中考试后再调位吧。"

夏禾懊恼地把头栽在课桌上。

杜木的脸唰地一下青了，朝夏禾哼了一声后便把座位往过道挪了挪，一条无形的"三八线"上岗了。

夏禾和杜木就这样还没熟悉便打起了冷战。

窗外那双炽热的眼睛慢慢冷却下来。

早上只是让大家相互了解一下，发新书，顺便宣读学校的规章制度，并不上课。闹腾了一个早上，家长们开始慢慢撤退了，留下一群熊孩子在教室里欢快地玩耍。

当然不能忽略夏禾和杜木这两个人在大眼瞪小眼。

中午放学铃很准时地响起，杜木坐在座位上一动不动，像是在等待什么。

夏禾自顾自地收拾起书包，还没收拾好，教室后门便传来了熟悉的声音："夏禾，夏禾。"

夏禾没有回头只"嗯"了一声，杜木倒是望了过去。

男生很礼貌地朝杜木笑了笑。

杜木也回笑了一下，然后弱弱地转回头。

夏禾还没收拾好东西，男生走了进来。夏禾一边收拾一边说："夏木，你怎么知道我在6班啊？"

夏木笑了一下说："分班表不是明晃晃地张贴在大门口吗？"

夏禾还想说些什么，但她瞄了一眼杜木后，摆摆手说："算了，这里有外人，说话不方便，出去再说吧！"

杜木前桌的桌椅发出一声沉闷的响声。

夏禾潇洒地撤了。

日子就这样淡淡地流着，开始会觉得旁边坐了个不说话的家伙和单人单桌有什么区别，于是愈发怀念起拥有一个能陪自己说话的同桌的美好时光。但时间长了，发现其实也就那么回事，没什么大不了。

只有那条无形的"三八线"觉得很寂寞。

星期日Z中不上课，学生自由支配时间。夏禾早上去派发传单，下午就留在家里替爸爸看守杂货铺，晚上再疯狂赶作业。

一边赚生活费，一边照顾爸爸。

夏禾以为妈妈已经慢慢淡出了视线，不去想，也忘不了。

但只是以为而已。

临期中考的前一周，夏禾仍然坚持去派发传单。回到家后发现爸爸已经做好了一桌菜，夏禾没觉得有什么异样，刚要和爸爸开饭的时候，楼梯响起了"噔噔噔"的脚步声。

夏禾压抑着愤怒问爸爸："她怎么来了？"

爸爸有点儿局促地解释："今天是你妈生日，所以我特意喊她回来一起过生日的。禾禾，你不介意吧？"

夏禾盯着饭菜没说话。

妈妈没坐下，劈头盖脸就对爸爸说："我这次回来不是和你们一起吃饭的。我是来告诉你，我要和你离婚！"

一字一顿，不留任何余地，气氛瞬间冷至冰点。

爸爸紧张地说："离婚了夏禾怎么办？你想让她被所有人笑话是个没有妈的孩子吗？"

夏禾唰地一下站了起来，大声地朝着面前这个陌生的女人吼："你够了！从头到尾错的都是你！你有考虑过爸爸的感受吗？他什么事都让着你，就是觉得亏欠了你的！"

女人一个巴掌甩过来。

夏禾的脸上前所未有的辛辣感。

一瞬间泪水溢出眼眶，似乎打开了水闸，怎样也止不住。

女人愤怒地下了楼，爸爸低着头，像个犯错的孩子，不断地重复："对不起，对不去，对不起……"

夏禾心里难受得快喘不过气来，她跑下楼坐在杂货铺的长凳上号啕大哭。

一个熟悉的身影挡住了从门口溜进来的光线。

又是杜木。

他仍然满头大汗，本来只是想进来买瓶水，没想到碰到了夏禾。

哭得像一个大花猫的夏禾。

夏禾没空处理这种尴尬的场面，她的脑袋乱得很，堆积了那么久的坏情绪在这一刻都冒了出来。

杜木被大花猫吓了一跳，本能地在门口站住了，好一阵后才走到冰箱处拿出一瓶雪碧，他把钱放在收银台上，然后坐到了长凳的另一端。

杜木没有落井下石，只是慢慢地喝着汽水，不说一句话。

一个人哭得梨花带雨，一个人在她旁边静静地喝汽水。

杜木不知道为什么雄赳赳气昂昂的夏禾会哭，也不知道应该用怎样的语气来安慰她，只是觉得难受就哭吧，反正有我陪着呢。

不安慰，是最好的安慰。

星期一早上，杜木迟到被老师揪着耳朵在走廊罚站的时候，眼睛不经意间瞟到她的座位，不对，是他们的座位。

那条无形的"三八线"悄悄地下岗了。

做完早操后，杜木特忐忑地坐到座位上，心里想着夏禾是不是因为自己看到了她的窘相而怀恨在心，要好好整他一顿。

越想就越忐忑，但他却没有后悔走进杂货铺——那天夏禾坐在杂货铺里哭的时候，杜木还没进来，也就是说他可以视而不见溜之大吉的。

可是他没有。

不说这个了，夏禾已经回来了。她递给杜木一张绿色的便签，上面写着三个字：谢谢你。

杜木有点儿不好意思地挠了挠头，然后在便签上面画了一只小熊头像，再把它递给夏禾。

夏禾朝杜木翻了个白眼说："怎么画得这么丑啊？"

杜木心里刚刚酝酿的小确幸瞬间烟消云散。

杜木摇了摇头，从课桌里拿出复习资料问她："你复习得怎么样了？"

夏禾故作沉思状说："当然……不是很好……"

杜木从夏禾的课桌上撕掉一张绿色便签，唰唰地在上面写了几个字，然后还龙飞凤舞地签上了自己的大名。

夏禾一看，上面写着："这是无条件解答令。只要出示该纸条，无论何时何地，杜木都要无条件为夏禾解答学习问题。——杜木"

期中考前一周，夏禾没有整天缠着杜木问问题，她觉得还是不要太麻烦他的好，毕竟落下的知识点太多，与其抓住救命稻草不放，不如自己来。

即使会死得十分惨烈。

期中考很快就结束了。杜木跑来问夏禾考得怎么样，夏禾说："你又不是不知道我的水平，考完就算啦。"

杜木突然觉得自己不应该问。

各科成绩一科科公布的时候，几乎没有人不是忐忑的。但夏禾也知道自己的水平，每科试卷发下来，她看一眼后就默默地把试卷折叠好放进课桌里，也不过问别人考得怎么样，免得伤心。

杜木没再过问她的成绩，但却总有人围着杜木的课桌阴阳怪气地说："哎哟，怎么这么高分啊！"然后他的四周马上就会被围得水泄不通。这时候杜木总是说:"老师好像找我有事,你们慢慢聊。"然后溜之大吉,人墙瞬间崩溃。

溜到门口回过头,刚好对上夏禾感激的目光。

排名榜出来那天,班主任真的把杜木叫去了办公室。

班主任语重心长地说:"你妈妈又给我打电话了,开学的时候她不满意你和夏禾坐在一起,让我给你调位,可你却坚持不,我也勉强把你妈给说服了。但这一次考试你是班级前五,她却倒数第五,你妈真的是沉不住气了,非让我给你换一个成绩好些的同桌。你回去准备一下吧。"

回到教室后,杜木一脸不在乎地对夏禾说:"要调位啦,咱们做不成同桌了。"夏禾闷闷地"嗯"了一声,心里却突如其来地"咯噔"一下。

夏禾被安排坐在第五组第一位,单人单桌。

班主任刚想把同是全班前五的蓝禹和杜木调到一块坐,杜木自己就把座位挪到了第五组的最后一位,然后一脸正经地说:"老师我想一个人坐,这样安静一点儿。"

夏禾的心里又"咯噔"了一下,一个疯狂的猜想挥之不去。

算啦,可能是自己想多了。

后来夏禾也没敢问他为什么要坐在那里,杜木也没有提起。

夏禾一个人坐后想了很多事,有对期中成绩的认真思考,也有对自己学习方法的审视。慢慢的,夏禾也算是进入了高中学习的状态。

学习不难,找对了适合自己的方法,找准了自己的位置,时间自会告诉你答案。

杜木和夏木也慢慢地熟络起来,仨人每天一起打闹,一起回家。

期末考结束那天,天还是有点儿冷,夏禾回家后的第一件事就是和爸爸谈他离婚的事。

爸爸后来还是决定离婚了,夏禾一点儿也不介意没有妈妈,她不愿意爸爸为了自己而挣扎在这个活的坟墓里。

几天后，夏禾陪着爸爸一起去民政局与那个女人办理了离婚。

当他们各自签好字后，夏禾最后一次对那个女人说："妈，保重！"然后头也不回地推着爸爸回家了。

生活就像一列火车，以后究竟会怎样，谁也说不准。所以，当你下车的时候，一定要做一次郑重的道别。

回到杂货铺时，夏禾意外地发现了送货的面包车停在杂货铺门口。

面包车后面传来熟悉的声音——

"哎！师傅好咧！让我来！"

"这个进货价能不能便宜一点儿呀？"

夏禾惊喜地跑到面包车后面，看见夏木和杜木正穿着白色小背心，满头大汗地一边和师傅讨价还价，一边搬饮料搬零食进杂货铺。

夏禾很惊讶地问他们："你们是怎么拿到我家钥匙的？"

两个家伙一脸得意地指了指夏禾爸爸。

夏禾爸爸开怀地笑了，这是自出车祸以后夏禾第一次看见爸爸笑得这么开心。

杜木恍然大悟地跑进屋里拿出成绩单对夏禾说："对了，我帮你把成绩单领回来了。"

夏禾淡定地接过成绩单，她已经做好心理准备去迎接又一场狂风暴雨了。

略过各科成绩后，最后一栏上赫然写着班级排名十五。

旁边还画着一只熟悉的小熊头像。

夏禾激动得快哭了。

冬日的阳光透过稀稀疏疏的枝叶稳稳地覆盖在三个少年的肩上，像一份看似迟到却来得刚刚好的礼物。

孤 独 患 者

阿 黄

  自从微信出了"找一找周围的人"之后，我就每天拿着诺基亚5230不顾挤压，不管气温，穿梭在公交站台、人民广场这类人潮熙攘的地儿，乐此不疲地寻找那个能为我填补人生缺漏的人。

  在我废寝忘食的不懈努力之下，终于找到了愿意陪我扯淡的几个男生。

  补课回家的路上，我在巴士上吃着梨膏糖、嗲着声音不停地回复，经过日复一日的努力，终于培养了三个长期聊友。

  第一个夸我声音好听，但是当我传上我的照片之后他就销声匿迹，直至有一日我发现他的状态改成"我拒绝和平胸交流"；第二个跟我说他二十四岁，长相端庄，身材匀称，但看到他传在空间里猥琐的真实照片后，我主动拉黑了他；至于最后一个，在花费了三个月陶醉在他富含磁性的嗓音后，我一脚踏在椅子上，如同农民起义的领袖，挥臂决定该来一次"见光死"了。

  我清晰地记得我和最后一号见面的时候是在南京路的一家KFC里，我涂着我妈留下的腮红，穿着褪色的连衣裙，踏着淘宝三十四块钱买来的跟高七厘米的"矮子乐"。

  肯德基财大气粗，放任中央空调呼呼地喷着冷气，他到的时候，我喝着两杯九珍玩手机游戏，他坐在我面前摇了摇他的手机，我顺着他的苹果手机,再自惭形秽地看了一眼自己的5230,再抬头看他人的时候就推翻了一个谬论——谁说声音好听的人长得不好看!

最后一号穿着棉布格子衬衫搭配着水洗牛仔裤,白色的运动鞋上不沾半点儿灰尘,桃花眼弯着的圆弧和翘着的嘴角都让人心增好感,他笑着问我:"你就是那个'unaffectionate'?"

忘了介绍,我的微信名叫unaffectionate,为了找这个单词我在网上搜索了十分钟,我费尽千辛万苦找的这个单词翻译过来叫作"缺爱"。

因为我空间里悉数是我的缺爱论,不过说是个人言论不如说是文学桥段,我把我从各大高深作品中看到的孤僻段子摘在一起,用几个关联词连接,就变成了我的东西。

我读杜拉斯就摘"迷恋是一种吞食",我浏览过八月未央就写下"天空的蓝是疾病",我看了三毛全集,就挂上个个性签名"你在做什么?我在仰望天空"。

我每天都四十五度仰面,书写着我的家事。

说起来也没什么好书写的,我的家庭不过是万千单亲家庭中的一个,我父母的婚姻是各取所需,所以他们从结婚第一天到离婚那一天,以愚公移山般的毅力吵着架。

我从小是由奶奶带大,到了读小学的年纪才从乡下到城里,爸爸来接我的时候,我抱着奶奶的藤椅大哭着不肯离开,最后我爸化身拐卖儿童的人贩子,一把抱起我塞进车里一溜烟就走了。

我哭哑了嗓子索性就不闹了,转头从车窗看奶奶家的大樟树,手里一直捏着前一天晚上从树上掏的鸟蛋。

我在微信朋友圈中,每天每夜写着孤独心事,反反复复提起我对奶奶的爱和父母的争执,把这些陈芝麻烂谷子的素材反复加工,像牛反刍一样诉说着我的伤痛,把一个缺爱的孤独少女描绘得淋漓尽致。

我从不因为自己是单亲家庭的小孩儿而感到厌世,反倒觉得很光荣,虽说我父母是由于感情不和而分开,可是家中有钱才外遇的大有人在,我顺理成章可以"伪富有"。

至于在文章中凄惨去世的奶奶，在现实中依然健在，可惜我长大了再也不愿意去乡下忍受被蚊虫叮咬的痛苦了。

最后一号的名字叫作江沐，是一个大一学生。他痴迷摄影，热衷旅行，随身携带炫富必备单反相机，浑身上下散发着文艺小白脸的气场。互相了解后，我们拎着KFC买的第二杯半价去城隍庙吃蟹黄灌汤包。

和江沐见面的第二天，我爸就带着他二十四轮货车从外地回来，我不得不约束自己。我把手机夹在书里装作写作业，暗地里开始用指腹编辑信息，持久的警惕在片刻松懈，投入让我忘了周边的环境，所以当爸爸端着牛奶站在我身边时，我完全没有感觉到。

"给你手机，是我不在家时方便我们联系的，你倒好！马上高三了，你争点儿气行吗？！"

说实话我是有片刻惊慌的，但是我没有办法承认错误，就想用借口来"粉饰太平"。我镇静下来，对上爸爸压抑着怒火的眸子。

"争气？你应该在我出生开始就教导我，而不是当看到我只够上专科的成绩再说。我这样是谁造成的？"

"啪"的一声，我起伏的左心房猛地停滞了，面部连带着头皮一阵抽痛。

我捂着脸，盯着白墙壁让自己把眼泪逼回去，然后冲进自己的房间锁上门，蹲在地上哭了好久，之后我开始收拾衣服，拿了我妈过年给我的红包、每晚陪我入睡的麦兜，看了一眼家里的钥匙，从包里拿出来又放回去。

最后掏出手机给江沐打了一个电话："一个小时后火车站见，敢不敢和我一起逃？"他"嗯"了一声挂了电话。我脸上的泪痕还来不及擦，开门出来后客厅里已经没有我爸的身影。我拎着几个塑料袋背着书包蹑手蹑脚地走出去，关门的时候我觉得心尖好像长出了一个肿瘤，压抑着循环的血液。

我和江沐买了一张半小时后开动的普快火车票，在候车室看到江沐后我才感觉到奇怪，为什么我会那么笃定江沐会陪我，或许我在潜意识里已经把他划入了可信赖人员？

　　检完票，随着人流朝三号站台跑，我和江沐被冲散了，我只好站在原地，有人踩了我的脚对我说对不起，有人用手肘撞了我但毫无歉意……我倏忽意识到：真正的孤独是无法用语言描述的。我为赋新词强说的愁，在现在真的变成欲语还休。

　　我开始四处张望寻找江沐，两边是各式各类的广告，流光溢彩却毫无暖意，地道里冷气很足，即使四周拥着人群也传递不了热量。我不知道我该干些什么，只是一直喊着江沐的名字。江沐拨开人潮着急地走向我，我有种劫后余生的慰藉。

　　上了火车已经是十点多，火车上人很多，每走一步都是障碍物，不过十几米的车厢，我和江沐走了三分钟才坐到位置上，坐在对面的一个哥们儿歪着脑袋睡着了，他脱掉了盗版的NIKE鞋，把脚架在我们的座位旁，空调硬座极不透风，人群里的汗味刺激着我的鼻部神经。

　　我拿出早就关了的手机又放回去，转头对坐在我身边的江沐笑了笑，说："我们还是去吸烟区好了。"江沐应允，于是我们又突破重重艰难险阻走到了临近的车厢交界处。

　　那里睡着一个民工，麻布袋被随意地铺在地下，他打着赤膊侧躺着，他很瘦弱，背部的皮肤黝黑，脊椎的节数都可以细细数出来，他睡熟了，火车的轰鸣声和他的打鼾声此起彼伏。江沐背靠着车门，我趴在玻璃窗上看到霓虹灯的光照区域逐渐减少，然后就只能看着远处的星光。

　　"你为什么要陪我？"我先开口询问。

　　"我不知道，总觉得自己有解救失足少女的渴望。"他笑着对我说，"那你呢，就没有怕我图谋不轨？"

　　"我的直觉你不会，长得不像。"

　　"噢？那你觉得我长得像怎样的人呢？"

　　"家境富裕的文艺小青年。"

　　"是吗？文艺小青年？"他环臂，"我才不是文艺小青年，我有梦想而且会加以实现。"

"哦？你还有梦想？"

"喊，这东西大多文艺青年都像写文一样信手拈来好不好。可是有些文艺青年只是说着玩玩，离成真还差一大截就迫不及待地定格自己完成梦想，打开电视一谈到梦想无论多严肃的节目都可以瞬间变成情感剧场，不是逝世亲人就是追梦的艰辛，银屏上的梦想多了，也就给那些原本对未来模棱两可摇摆不定的人找了个出口，安上个有梦青年就可以一劳永逸，可他们真的对梦想有所行动吗？多糟蹋这个词。"

"那你的梦想是什么？"我很好奇，压低嗓音问他。

"去战区用相机记录最真实的一手资料，去达喀尔开F1，去西藏爬珠峰。"他盯着我，那双眸子亮晶晶的，让我又感觉置身闹市，看见了希望。

当我为他伟大梦想所震慑时，他轻声问我："那你为什么离家出走？"

我回过神来，不知道为什么，我对"家"这个字眼特别敏感，就像邻居家的孩子二胖会对"开饭"有着冲向餐桌的本能一样，估计是写了各式版本家事可怜了，我张口就能委婉曲折地诉说着我讲到滚瓜烂熟的苦情故事。

我喋喋不休加叙述悲情之后，江沐突兀地来了一句："我们打个赌怎么样？"

"什么？"我皱着眉。

"我赌你不久后就会回家。"他笃定地说。

我没有说话，静静忖度着。

离我们几步之遥的农民工电话响了，被吵醒的他从脏兮兮的口袋摸索着拿出老式的诺基亚，用方言回着电话："喂？大概十二点到，你和娃睡吧……钱收好了，明早就带娃看病去，你们先睡吧别等我了。"

他挂了电话，开始整理物件，我看着他，恍惚想起十三岁那年，农历大雪那天，我发着高烧，家里没有一个人，我只好自己拿着冰袋敷脑袋，不知不觉烧晕过去，醒来的时候发现自己正在爸爸的背上，他喘着粗气把我背下楼，有些许斑白的鬓发被汗沾染贴在他的脸颊上，大鞋子踩在雪地里咯吱咯吱地响。

"我想回家。"我仰起头。

江沐长舒了一口气，朝我露出了白牙笑了笑，"好，下站我们就下。"

城市亮化工程让上海成为不夜城，这里有灯红酒绿、摇曳的腰肢，这个城里有等待的救赎和地下室的吉他。

再回到上海已经是凌晨两点半。焦距从亮处调至暗处，狗吠传出深巷。告别江沐后我只身上了楼梯。踌躇很久后还是拿出了包里的钥匙。

锁芯转动、拉门、关门，连贯的动作让我意识到这是我生活了近十年的家，我叹了口气，准备脱鞋。灯突然亮了，我一抬眼就看到一个赤着脚的人伫立在我的房间门口，他快步向我走来，同时扬起手臂，正当我以为他又要打我而做好挨打准备的时候，他却紧紧地拥抱了我，像是自言自语，不停地念叨着："回来就好，回来就好……"

这几个小时的事情，在那天后，我爸和我都没有再提及，我们俩的记忆就像是被人狠狠地剜下了一大块。不过后来我才知道，他为了找到我，给我所有的朋友打了电话询问我的下落。

再然后我就正式上高三了，5230还是没有交给爸爸。江沐给我发微信说他要出国了，之后就不上微信了，我没有去机场送他因为我在进行第一次模拟考。我开始偿还我嬉戏所浪费的时间，口袋装着各类小册子起早贪黑地背什么什么的意义什么什么的纲领。撑不下去的时候我也会给江沐发条微信自娱自乐。就这样一直持续了九个月。

考完最后一门，出考场后我全身像浸在水里，软绵绵的，红色的横幅上"欢迎考生来我校参加高考"变得迷离。门口聚集了数不尽等候孩子的家长。我趴在爸爸的身上哭了好久好久。

一个月前，江沐回了我微信，我才知道他带着他的徕卡去了利比亚，他跟我说了他相机记录到的和他自己耳听目睹的利比亚局势。"我以我自己，得到最真的利比亚。"他说这句话的时候我仿佛可以看到子弹上膛、机关枪扫射、空袭这类情景。我想象他在烽火狼烟中的生存境况，想象他躲避的战火，想象他所有做过的事情。"我很想你。"我如是回答。消息很快就回来。"我已经回国了，明天骑摩托挑战川藏公路业拉山七十二拐。你来西藏找我咱们一起爬珠峰。"

我已经从丘陵独自乘火车到高原，在这家旅社住了两周。江沐已经一个月没有回我的消息，我上网才查到川藏公路是世界上最险的公路之一。

我没有问当地人当天是否发生车祸，我就这样干巴巴地一个人在这里，每天三点一线吃饭睡觉打开微信，等着讯息。阿司匹林的摄取也抑制不了头疼，服用维生素C也阻止不了牙龈出血。我从床上爬起来，拿着手机下了楼。

这家旅馆处处体现着民族风，藏式的床榻，尼泊尔顶灯，还有镌绣着图腾的地毯。这里的老板娘四十多岁，脸颊泛起高原红，颧骨不是很高，身材有些发福，她对房客很贴心，准备了药品和吸氧机，我想问她是否还有缓解高原反应的药。

这时我看到她在摆弄着信箱，从信箱中拿出几封信。我走过去，笑着说："现在手写信的人不多了。"

她听到声音，转过头来操着不标准的普通话回着："可不，所以更弥足珍贵啊。我亲爱的客人，你需要一封吗？这是我儿子在网上弄的活动，让各地的陌生人给我们店里的陌生旅客写的信。"

我忘了来的目的，从她手中随意抽了一封白色的信封就回了房间。

我戴上耳机，听着歌拆开信，信笺上面只有一句话："你是葳蕤的绿，充盈了我荒芜的夏。"

我不懂那两个生僻字的意思，但还是号啕大哭，被眼泪打湿的句子让我想起了那个失踪了的江沐、我的爸爸和我2012年的夏。

泡椒味校园

艾汀医生

我招摇过市地在学校里叫卖："走过路过不要错过，过了这村你可就再也看不见这么好的男人了。"很多人不屑地看了我一眼，都以为我是想恋爱想疯了。其实不然，因为我确实想要找一个和我臭味相投的人。

居然还真有女生前来搭讪，这让我喜出望外。

女生留着清汤挂面的头发，瓜子一样的脸庞格外瘦削，樱桃似的小嘴粉粉嫩嫩。她的手里还拿着只剩下半杯的红豆奶茶。

她说："你是要招女朋友吗？"

我点头如捣蒜，我真的好久没有见过美女了，感谢老天爷终于开眼了。

她又说："你会全心全意不会始乱终弃吗？"

我拍着胸脯说："你还不知道我的小名吧！大家都叫我张老实，因为我平时都是老老实实的，所以你就放一万个心吧。"说完之后，我怕她不信就伸起两根手指对天发誓。

我看见她芙蓉如面柳如眉地笑着，紧接着就往远处招手，然后一个留着BOBO短发的女生姿态万千地朝我走了过来。

我撒丫子就跑，一边跑还一边喊："对不起啊，你朋友真不是我喜欢的类型，其实我喜欢男生你误会了。"

我这一喊不打紧，周围所有人的目光就这样笔直地全部落在我身上，当时我真恨不得马上打个洞钻下去，可是我又没办法变成穿山甲！

关于高二3班张楚翘喜欢男生的新闻，就这样开始在学校里满天飞，消息经过了各种各样的加工。

不少女生惊呼，我们学校终于有了敢袒露自己"真实"思想的男生了。然后，偶尔就会有某男生指名道姓地让我出去一趟，美其名曰"谈谈人生和今后的道路"……

终于有一天我忍受不住，正好看见那个清汤挂面的美女在操场上散步，然后我就指着那个女生，向站在我面前的男生说道："其实我是有女朋友的，就是她！所以请你以后别来找我了。"男生带着弃妇的模样说："怎么可能，一定是你骗我的，除非你上去抱抱她。"然后我就真的很不要脸地冲到那个女生面前。

"嗨——"我僵硬地向她打招呼。

"是你这个禽兽？"她不可思议地看着我，大概心想我怎么还敢出现在她面前。

在我知道后面还有个灼烈的目光盯着我之后，我鼓起莫大的勇气，一把将她抱在怀里。

不知道是不是因为事出突然，她居然没有反抗。就像一台高度精确运转的计算机某天遇到个它暂时无法解决的小故障，而暂停了一会儿。

但是你要相信，这样的小故障对精确运转的计算机来说永远都只是个小问题，所以它很快就会运转起来。

就像等男生走了以后，我的左脸被她狠狠地甩了个耳光。

她气愤得几乎说不出话来，几秒之后，勉勉强强地说了一句："你干什么？臭流氓！"

我很诚挚地向她道歉，并把事情的经过都告诉了她。最后总结是："要不是因为你，我也不会被男生喜欢！"

然后她气呼呼地在我小腿上踹了一脚，"关我什么事！"我当时就抱着被她踢伤的部位，痛得直蹦跶。心想这女人出手真狠，幸好当初阴差阳错，如果真和她在一起指不定被虐待成什么样呢！

"事情就这样过去吧，从今儿开始我们谁也不欠谁！"说完我就潇洒地想要转身离开。

没想到居然有我们班的人横空出现在操场上，这让我始料不及。他大声地尖叫着说，"张猥琐，你居然有这么漂亮的女朋友！你原来不喜欢男的啊！"

"张猥琐？"清汤挂面的女生用刀子一样的眼神冷冷地看着我。

我不好意思地挠着头，被人揭穿了真实身份也没有办法。随即一想这样也不错，让他的大嘴巴回去宣传宣传，说不定我还能摆脱在他们眼里的"异样身份"。

然后我笑着说："是啊是啊，被你发现了，真是难为情死了。"我目光一转，便盯到了那女生的身上。

哪料到她此刻正笑盈盈地向我走来，看见她的这副样子，就不自觉地毛骨悚然。

她站在我的面前，说时迟那时快，她甩手给我右脸上又印了个巴掌印。然后她笑着的脸就像是突然裹上了一层常年不散的雾气，带着哭腔。

"你就为了那个男的甩了我吗？我再也不要看见你！"

我当时就感觉不对，连忙回头去看身后的同学，果然他像是兔子一样跑了。只不过我明白，这次我真是跳进黄河也洗不清了。

"你演技可真好，怎么不去拿奥斯卡奖？"我咬牙切齿地说。

她无所谓地摊开手："随你怎么说，反正你待在学校的期间，注定要背上这个包袱。"她说到"这个包袱"时，还特意加重了口气。

这件事之后，我开始对汤晴佳格外注意，时不时就想抓住她的小辫子。

可是精明的她，又岂能让我这么简单就得逞。

我曾对她干过很多荒唐的事情，比如说趁她上厕所，想要偷偷地把她关在里面，让她叫天天不灵，叫地地不灵。可她好像早已得知我的计划，在我进去之后就拉住我的衣袖，拼了命地大叫："有色狼啊有色狼！"

然后我就被无情地拎到了校长办公室，校长给我好好地上了一堂道德法律课。不仅如此，垂头丧气地回到班级后又被班主任教育了一顿并公开点名批评，此后我就又多了一个别号，叫作"小色狼"。

一次，中午我看见汤晴佳在泡泡面，中途有事她出去了一趟，我连忙回到班级里将我课桌里的泡面拆开，然后将里面的料全部拿了出来。

我将所有的料倒入了她的面里，然后搅几下。

"这下咸不死你也辣死你！"我小人得志地笑了。

第二天上学的时候，由于来得太早，门还没开。我拿出了手机，插上耳机听歌，等人开门。哪知道听到一半，就不自觉地打起喷嚏来，一次比一次猛，差点儿连鼻涕都跑出来。后来我们班同学来开门的时候皱着眉头看着我，"别人喷香水，你喷胡椒粉？口味蛮重的！"

我这才反应过来，看了看衣服，果然上面也都是粉末。

"该死的汤晴佳，当我是炸鸡腿啊！"我不自觉地握紧了拳头。

时间就这样潜移默化地默默退后，直到我们即将离开这个学校。

我们一直都在作对，搞恶作剧，用最恶毒的话讽刺对方。可相反的是，感情却出乎意料地越来越好。

年幼的我们，总是不懂事地用讽刺的语气来安慰对方，企图让对方再度欢笑。即使不欢笑，鼓起勇气来攻击自己那也是好的，最起码她不必再难过下去。

毕业那天，她兴冲冲地来找我。

她说："我们作对了那么久，是时候该和解了，不能将恩怨留到下一代。"

我点头称是："我们之间的恩怨，就由我们自己了结。"

握手之后，她要求拥抱一下。我也没想太多，就张开了手臂抱住她。

"想不到直到毕业了，你还是忘不了那个男人，我恨你！"她用力地将我推倒在地，遮着脸哭了起来。

我倒在地上，茫然地看着越来越多的人围聚过来。我伸出一根手指，愤怒地指着她："你别以为我不知道，其实你喜欢的是女的，只是拿我当借口而已！"

当人群中发出一阵又一阵的既惊愕又兴奋的高呼时，我们两个悄然离去。就像是舞台上的演员，只为博得观众一笑，繁华于我又有何干？

"想不到这一次，居然是平手。"汤晴佳捂着额头，垂头丧气的样子。

"汤晴佳。"

"叫本小姐干什么？"她的傲气还是一如往常，丝毫不减。

"既然我喜欢男人，你喜欢女人，那我们就在一起吧？"我故作轻松地说。

"这是什么逻辑！"她不满地回答。

果然是这样的结果，我自嘲地笑了笑。

"不过，我挺喜欢的。"她笑着看向我。

"那我们牵一下手吧？"

"我不要。"

冬日清晨的第一缕阳光洒在她的脸上，温暖和煦。

给你一个好故事

傲 详

1

"你根本就没有资格做一个父亲!"她摔下话筒泪水夺眶而出,手扶靠板整个身子无力地滑下去,蹲坐在地上哭得声嘶力竭。

汤冰峰站在后面看着女孩儿一直颤抖着的肩膀,许久才走上去递给她一小包面巾纸。女孩儿接过面巾纸没有回头。

汤冰峰放下英语书坐到她旁边。吴婧瑶把头埋进臂弯里。许久才出声。

"我和我爸关系不好。"

"我们刚才吵架了。"

"好难过。"

吴婧瑶抬起头来看了一眼旁边陌生的男孩儿,轻轻地说:"不好意思,吵到你看书了。"汤冰峰看着女孩儿红肿的眼睛,轻轻地摇了摇头。

校园里的这条小道很少有人经过,午休时,整个校园安静得只剩下渐起的蝉鸣和偶尔响起的几声鸟鸣。天空很蓝,偶有云朵漫不经心地从他们头顶飘过,不时吹来阵阵暖暖的夏风。

"你是高二10班那个总是拿年级第一的人吧?"吴婧瑶笑着问道,长长的睫毛上还挂着泪珠。汤冰峰笑而不语。

"我是12班的吴婧瑶。"

汤冰峰"哦"了一声,嘴角的笑意更浓。"我也认识你啊。总是背着一个浅黄色的书包,总是到这儿来打电话,笑起来有很可爱的小酒窝,声音很好听,在12班是个很可爱的开心果。"只是这些他都没有说出来。"恐怕那些叫你开心果的人都不曾知道你也有眼泪吧?"他想。

两人安静坐着,暖风拂过他们身边,翻起男孩儿旁边的英语书,渐渐吹干女孩儿的眼泪。

2

体育课。排球场上女孩儿正在为一个漂亮的传球雀跃。躲在草坪角落看书的汤冰峰偶尔抬起头来就看见女孩儿灿烂的笑容。

"砰!"女孩儿的排球打到他身边的灌木丛里发出沉闷的响声。他看了一眼后继续看书。

"咦?"女孩儿朝着球落下的方向跑来,却只看到男孩儿躲在角落里专心地看书,甚至在她忍不住笑出声时他都不曾抬眼看她。

"在那儿。"汤冰峰对在前面晃了许久的影子头也不抬指向旁边的灌木丛。

"哦。"女孩儿跑过去捡起球后,转过身轻声说了句"谢谢",还是忍不住问了句"你怎么连体育课都在看书,真的是白面书生一个"。

"你以为年级第一那么容易当啊?"不紧不慢的语调,嘴角带着浅浅的笑意。吴婧瑶也笑了。看来那种长得帅、体育超棒、成绩又好得一塌糊涂的男生只能出现在言情小说里。

"你和你爸好一点儿了吗?"

汤冰峰低着头看书,声音在风里轻轻飘荡,最终还是穿过了吴婧瑶的耳膜。她愣了一下没有回答，抱着球跑开。

汤冰峰看着女孩儿奔跑的背影心想，她是那种微笑着奔跑却在心里流着泪的人吧。那样的人是在伪装还是真的坚强呢？

3

夏天渐行渐远，知了嚣张了一整个夏天，此时趋于沉寂。

白天开始变得越来越短。吴婧瑶从教室下来的时候，夕阳已经向下。绕过篮球场上时发现人已经走光了，她懊恼地拍了一下脑袋瓜：今天可是年级赛啊，竟然就这样错过了！再回望时发现灯光下篮球场上还有一个熟悉的身影。

"那么漂亮的投球！"她张大了嘴巴，带着莫名的好奇和兴奋，她近乎飞奔过去。真的是那个白面书生。

汤冰峰没有理会站在场外的吴婧瑶，他独自一人在球场上华丽转身绚丽投球。一切动作都那么娴熟，完美得无可挑剔。直到手脚酸胀，他才停下来。篮球滚到场外，吴婧瑶跑过去把它捡回放到篮球架下，再拿起一瓶矿泉水递过去。

汤冰峰大口大口地灌着水，吴婧瑶坐在旁边，兴奋地说："你的球好棒啊！没想到你竟然会打球，我还以为你是一心只读圣贤书的儒生呢！"

"谢谢！"汤冰峰笑着说，"好久都没有像今天这样了！"他抬起头对着天空大喊："汤冰峰！"然后孩子般地笑了。

吴婧瑶看着他心想，他一定很喜欢打球吧！

"我很喜欢篮球，"他说。橘黄色的灯光映照在他眼里，褐色的瞳仁异样澄澈。吴婧瑶有种他在流泪的错觉，然而他却笑了。"我爸是篮球运动员，他很优秀，也一心想把我培养成像他那样优秀的人。后来他当了教练，他带的那支球队也很棒。可是在一次省级比赛中，他的一个球员在篮球场上摔倒了，谁都没有在意，包括球员自己。可当他在同一场比赛中再次摔倒时,他却再没能站起来——他的韧带废了。后来我爸就没有再教球了,也没有再教我打球了。"

"不过幸好我不讨厌读书,当年级第一也不错。"

"他只是爱我怕我受伤,让我不要打球。说明他爱我超过他的篮球,我没有理由违背他的意愿。"

"其实每个父亲都一样,只是他们爱的方式不一样。"

吴婧瑶安静地看着天空的红霞一点儿一点儿被暮色吞没。晚风拂过她单薄的短袖,她开始觉得有些冷。

也许是吧。她想,虽然从小就是在他的斥责声中长大,虽然他会在饭桌上因为她的顶嘴而毫不留情地在她稚嫩的脸上留下热辣辣的巴掌印,虽然是他用家庭暴力把妈妈赶走。但是他也是爱她的,他会每天很早起床为她准备早饭,会在冬天还未到时及时为她添置棉衣。

其实,他也和其他父亲一样。

汤冰峰拍了拍她的头,"不早了,再不去食堂,会没饭吃的!"说完背上书包,牵起她的手。

吴婧瑶看着男生柔和的侧面线条突然觉得,这个男生,挺好!

4

吴婧瑶决定要拼命读书了,高三第一次摸底考试她考得一塌糊涂。

在校园里那条安静的小道上,她拼命地读英语,读到嗓子冒烟时突然有人从后面递来一瓶水。她转过头,是汤冰峰,嘴角挂着浅浅的笑。

吴婧瑶喝水的时候,汤冰峰一直盯着她看。吴婧瑶就开他玩笑:"你是喜欢我吗?干吗一直盯着我看?"

汤冰峰摇了摇头:"女孩子要矜持,怎么可以随便跟一个不熟的人开这样的玩笑?"

吴婧瑶跳到他前面,看着他假装严肃的表情忍俊不禁:"我们这样还不熟那怎样才算熟?"

汤冰峰无语。吴婧瑶看着他好看的眉眼,"我们大学如果还能在同一所学校就好了!"

"可是我的成绩那么好,你的成绩那么不好,我们怎么考同一所学校?"汤冰峰很认真地问她。

是啊,他们本该也只不过是两条平行直线,如今的相遇相识,也只是彼此倾斜了方向变成相交直线,可终究还是会朝着不同的方向延伸。怎么可能还会有交集?吴婧瑶有些小小的失落。

汤冰峰拍了拍她的头,"努力学习啊!我在高处等你。"

"啊!"

"不是说要考同一所学校吗?那你就要努力学习,朝着我的方向奔跑!"说着还比出自由女神像手举火把的样子。

吴婧瑶忍不住笑了。

5

高考如期而至。吴婧瑶出乎意料发挥超常。从考场出来,她几乎是跳着蹦到汤冰峰面前的。"我觉得题目好容易啊!"她抓住他的手臂开心得差点儿要转圈圈。可是说完她就觉得有些尴尬了,在一个年级第一面前说这样的话根本就是自招白眼。但是汤冰峰只是微笑着拍拍她的头说:"那就好。"她抬起头来看着他满眼温柔的笑意突然就脸红了。

放假后的第一个星期,吴婧瑶窝在房间里没日没夜地看动漫。正当她沉浸在戈薇和犬夜叉的煽情对白中时,班长打电话叫她出来聚会。

随便套上件简单的连身裙后她就直奔"好地方"去了。在路上遇见坐在后面的男生胡正,吴婧瑶看着他一身正装还配上领带,当场就笑岔气了。"你当是相亲去啊。"一句话就把这个男生说得满脸通红。

还没进包厢两人就听见12班那群疯子的鬼哭狼嚎。吴婧瑶刚踏进去就被同宿舍那群家伙拉过去。她坐在她们中间看着拿着话筒乱吼一气的男生和在底下完全不顾形象跟着放音跑调的女生，觉得这样的青春真是幸福得不像话。当轮到胡正上去时，他点了首《当》，即使底下的人们说他"俗不可耐""想琼瑶阿姨想疯了吧"，他还是一直坚持，白皙的脸涨得通红。

当音乐响起时，他清澈的声音潺潺而过："当山峰没有棱角的时候，当河水不再流，当时间停住日月不分，当天地万物化为虚有，我还是不能和你分手，不能和你分手，你的温柔是我今生最大的守候……"

包厢里的人渐渐安静下来，他们看着这个可爱的少年，曾经的美好渐渐涌上心头，大家都微笑着轻声和唱。

青春里的感动有时候很简单，有时候一首陈旧的歌曲就可以让我们忆起那曾经的美好，哪怕现在看起来是俗气而幼稚的。

6

成绩出来后吴婧瑶跑去学校看光荣榜，她看到她名字前面的数字"33"。虽然在之前就知道能进前五十，但现在看到排名仍是忍不住兴奋。在这个含金量这么高的重点学校里能进前五十是多么了不起啊。她这么想着忍不住就崇拜起自己来了，下意识地抬起头来，光荣榜上数字"1"后面还是那个熟悉的名字。

虽然我朝着你的方向奔跑，可你还是太厉害了啊，终究还是不可能同一个学校。哪怕我已经变得比以前厉害这么多。她转过身微微抬起头看着天空。笑了，那我们就各自加油吧！

7

火车站熙熙攘攘，吴婧瑶要踏上列车时，突然转过身拥抱了下一直沉默不语的父亲，说了句"照顾好自己"后随着人流挤上列车。而车站上这个十几年未拥抱过女儿的男人却愣在了原地，很久之后才发现那个拥抱是真的。然后红了眼眶，孩子一样开心地笑了，哽咽着说："这个孩子！"

其实很多时候，不是父母不懂得爱我们，只是年少的我们不懂得珍惜。也许转过身拥抱一个你喜欢的人会让你觉得浪漫，但试一试转过身拥抱你苍老的父母吧！他们的爱被你误解了这么多年，一个拥抱一句问候足以让他们一辈子当作幸福珍藏。

吴婧瑶刚坐下就收到汤冰峰的短信："回过头，我在你后面。"吴婧瑶激动地转过头，眼前的少年笑得灿烂："不是说好要上同一所学校吗！"

不是说好要上同一所学校吗！吴婧瑶幸福地笑了。原来，即使是曲终人散也总还有人愿意陪你为青春写上一个美好的句号。

你是我路过的似水年华

安木木

期中考试的分数出来了，我不出意外地又是年级前十，我不像那些书呆子一样每天都挑灯夜战，我也不像那些同龄的女孩子一样成天梦想着一夜成名或遇见自己的白马王子，幻想着自己是城堡中的公主。我只是每天上课都很认真地做着笔记，很认真地听课，考前抓紧复习，有这样的成绩很正常。

教导主任在走廊上叫住了我："夏沫，你这次考试考得不错，是正常发挥，要继续保持下去，高考一定会上北大的。"我很有礼貌地朝他点点头，微笑着。这时，有一个男孩儿拿着篮球朝我们这边横冲直撞地跑过来，教导主任把他叫住了。

我还记得他。谭誉。

前两天在公开课上唱"妹妹你坐船头"一炮而红，却也因此被全校通报批评的人物。早会上被罚在全校面前念忏悔书，他吞吞吐吐地念到一半，突然很不耐烦地朝底下吼道："周逸赔，后面这个字怎么读啊？你写得这么潦草，叫我怎么认啊？"说完还不忘白他一眼。

学生们哗然大笑。

周逸赔被教导主任揪着耳朵出来，求饶："亲爱又敬爱的教导主任饶了我吧！是他逼我写的，我不写，他就会叫他的一群小弟来揍我。"

那时在台上的他，眼眸如没有云层遮挡的星光，闪耀着逼人的灼光。所有的老师都气急败坏，他反而笑了起来，嘴唇卷着彩虹一般弯弯的弧度，像是一副天不怕地不怕的样子。

可那副什么都不怕的模样竟让他成为了万千学生心中的英雄，女生心中的白马王子。好像每个学生的心里都藏着动乱的心事，只是有些人胆小地压下去，就像穿着统一校服一样毫无性格，而有些人却硬是把校服穿出了自己的个性。

理智还是把我拉回了现实。我不解地看着教导主任，用眼神在问他："我可以走了吗？"

教导主任局促不安地抿了抿嘴唇，像是下了很大的决心似的，他把谭誉推到我的面前对我说："夏沫，同学之间要互相帮助，以后的课余时间你就帮谭誉同学复习功课吧！"

我惊讶地看着教导主任，这不是把一颗定时炸弹放在我的旁边吗？他可是随时会爆炸的家伙，我可不想给自己惹麻烦。我很坚定地对他说："不。"

谭誉倒是一副事不关己的样子，依旧在玩着手中的篮球。

教导主任看了看我，又看了看谭誉，然后用很复杂的眼神看着我，很果断地说："我已经决定了，同学之间必须互相帮助。夏沫，必须是你。"

我没有再说话，我知道即使继续说下去，结局还是一样，谭誉离我太近，近得我都快呼吸不过来了。我抱着书本，就像风一样一溜烟地不见了。他关我什么事？在这个学校能叫出我名字的同学没几个，而谭誉却是走到哪里都会发光的，竟然把我们两个放在一起，这都什么跟什么嘛！

我不是一个听话的学生，当然，谭誉更不是听话的学生，不然他也不会周一集会上用石头去打掉教导主任的头发，不然他也不会在女监考老师进场的时候叫着："老师，你今天穿得好性感啊！"两个都不是听话的学生，当然对老师说过的话瞬间就忘记。

谭誉逃课了，他趁着老师在上面写板书时偷偷地从我这边逃出去的，他的指尖轻轻地漫过我的手掌，我甚至可以闻到他飘过的淡淡的薄荷味，一种很舒服的感觉，他逃他的课，我上我的课，我们两个毫不相关，所以我并没有去管他。

下课后，班长敲着我的桌子对我说："夏沫，教导主任叫你去办公室一趟。"我就纳闷儿了，我从不打小报告，也从不去论功行赏，更不会进去低头认错，我跟那个是非之地压根儿就是没缘分的，叫我进去干吗？

我刚一走进办公室，就迎头一个晴空霹雳。

"夏沫，谭誉逃课你知不知道？"

我很纳闷儿地看着教导主任，说了一句让他更郁闷的话："我知道啊！他就是从我这边逃出去的。"

教导主任是一副想要杀人的表情："什么？还是从你这边逃出去的？你现在必须出去把他找回来！"

我很郁闷地看着教导主任："凭什么是我去找！"

"就凭他是你的帮助对象，就凭是你放走了他。"

我从没见过像他这么不讲理的老师，我很郁闷地走出校门，站在校门口死死地发呆，我跟他压根儿就不熟悉，叫我去哪里找他啊？与其把时间浪费在他的身上，还不如回家睡觉，明天直接告诉教导主任我找不到他。没办法去学校复命，就只好直接回家了。

我在回家路上的一个游戏厅看见了谭誉，我走进去跟他说："出去，我有话要说。"我就要转身走人，可是转身的瞬间谭誉拉住了我的手，他带我穿过烟雾缭绕的游戏厅到空气清新的外面，我的心情好多了。

"你喜欢我啊？"谭誉带着窃喜的表情看着我。

他以为我是什么人啊？是那些蠢女孩儿吗？喜欢他精于耍帅的叛逆风姿，着迷他敢于跟老师反抗的男子气概，痴迷他的爆炸头，沉迷他用拳头解决一切？因为喜欢他，我愿意不惜一切代价逃课出来找他，只为了追随他到天涯海角？拜托，我只是一个观众，在看一场青春叛逆剧，看完后我还不会忘记评论一句："幼稚。"

"当然不是。"我大声地否认，"是教导主任逼的。"

听了我的话，他不禁往后退了几步，他想起了上次的那个协议。我们都没有想到教导主任居然会履行得这么彻底。

他把我带到了篮球场，然后对他身后的兄弟们说："你们回去告诉那个老头儿，就说我把夏沫绑架了。"

他让我看他打篮球！有没有搞错啊！我不去上课，不回家睡觉，来看你打篮球？

"我不去，我要回去。"我很淡定地对他说。

他死拉着我不放，然后对他的弟兄说："你们还不快去啊！"

然后他又转向我："反正逃都逃了，那就在外面玩一玩，回学校多不好玩。这样吧！你看我打篮球，等会儿我请你吃你最喜欢的冰淇淋。"

惊讶地看着他，他是怎么知道我喜欢冰淇淋？

"你怎么知道我喜欢冰淇淋？"

他倒是一副"我有什么不知道"的样子看着我："我是谁啊！我怎么可能不知道？你直接说你愿不愿意做这个买卖，你没有亏吧！"

我没有说话，只是很安静地看着他。

他笑了几声，"你不说话，我就当你默认了啊！"

这时候的我才发现，原来他打篮球的时候真的很帅，潇洒的一个转身，完美的三分球，各个做得都很到位。我想，那时的我一定和那一群"蠢女孩儿"没什么两样，都是花痴。

休息的时候，谭誉给我买了冰淇淋，我们俩一起坐在篮球场边。我想，如果此时此景被本校所有活着的生物，尤其是教导主任看见，他们一定会觉得自己的眼睛瞎了。他与我说起了自己的童年，那时的我才发现他真很能聊。当时他说话的语气，他的眼神，他慢慢上扬的嘴角，都牵动着我，所以他到底在说些什么我也没有听清楚。

谭誉转过头来问我："那我们夏沫的童年有什么搞笑的事情呢？"

我被谭誉说的"我们"二字给吓到了，不过，我还是很镇定地跟他说："你是你，我是我，我们不是我和你。"

他朝我尴尬地笑了笑，我觉得自己说得很过分也就跟他说起了我的童年："我的童年没有什么好说的，就是周一至周五在上课，周六上午小提琴课，下午是作文课，周日上午舞蹈课，下午要学乐理。"

谭誉很惊讶地看着我："原来你的童年这么悲剧啊！人们都说童年不好的人会有阴影，我原本不信的，现在真的相信了，原来你这么孤僻、在学校永远都是独来独往的原因就是因为你的童年有阴影啊！你原来这么有才啊！我怎么不知道！"

我没有说话，只是把他买给我的冰淇淋砸在了他的头上，恶狠狠地盯着他。

他意识到自己说错话了，为了取悦我，还学起了因为Rain而爆红的《三只小熊》，一下子没忍住，笑出了声。谭誉也嘿嘿地笑着："就是说嘛！夏沫你笑起来很温暖，很像天使，你为什么不喜欢微笑？"

"呵呵，你是第一个见到我微笑的人，是不是觉得很荣幸啊？"当我说出这一句话的时候，我也被自己给吓到了，这一点儿都不像是我所会说的话啊！我这是怎么了？

谭誉搔搔脑袋，"对啊！我觉得好荣幸啊！一向不喜欢说话的夏沫竟然会对我微笑，还会跟我开玩笑，我说你是不是喜欢上我了啊？"

我白了他一眼，"我跟你说过了，当然不是。"

晚上回到家的时候，妈妈没有在家，爸爸也不知道去哪儿了，我走入大厅，一开灯，竟然看见一个人坐在沙发上，我放声大叫："啊！鬼啊！"

宋泽明捂住我的嘴巴，"你乱叫什么啊？"

我推开宋泽明的手，白了他一眼，"你有病啊你！大晚上你不开灯？你当自己是幽灵啊？"

"夏沫，要不是姑姑和姑父拜托我，我才懒得来找你。"宋泽明被我一吼，也来了脾气了。

"我爸爸妈妈？他们叫你来找我干吗？"

"姑姑和姑父今天晚上没有回来睡觉，你家的保姆也请假，怕你一个人没饭吃，怕你一个人在家不敢睡觉，就叫我来找你去我家，我一下课就来了。等你等了好久你也没回家，就在你家的沙发上睡着了。"宋泽明一屁股坐在沙发上，很懒散地吃着苹果。

我回到房间，整理好明天要上课的书，就和他一起去他家了。

吃完晚饭，舅舅和舅妈都出去，我坐在电脑前很无聊地玩着《植物大战僵尸》，宋泽明趴在我旁边。

"沫沫，听说，教导主任把谭誉交给你，让你来负责他的学习？"

我继续玩着游戏，连头都没有抬一下，"嗯。"

宋泽明往我这边靠了靠，"沫沫，帮哥哥一个忙好不好？"

我抬头看着他，一脸的坏笑，肯定没什么好事，但是出于好奇心，我还是问："什么事？"

宋泽明殷勤地递给我一瓶奶茶，"你看啊！谭誉现在是本校最出名的一名学生，我想给他做一期的专访。可是我们部门又没有一个跟他认识的，再加上他是出了名的怪脾气……"

未等他说完，我边玩着游戏，边对他说："所以就你自己去啦！你不也是本校的名人吗，大晚上地跑进女厕所，结果被你们班的女生给抓住了。你不是也是为此成为本校的一代名人吗？"

"都过去这么久了，你为什么还会记得哦？"宋泽明很无语地看着我。

我没有说话，只是继续玩着我的游戏，宋泽明一把把我转过去，恶狠狠地对我说："必须是你！"

"凭什么必须是我？"

宋泽明一脸的坏笑，"你别忘记了，你也是小记者，你是有多久没有交稿了啊！要不是我帮你扛着，你早就被学校给处分了。所以必须是你！"

我很鄙视地看着眼前这位被女生公认为帅哥的恶心男生。

今天的天气真的很不错，是个逃课的好日子。我估计，谭誉绝对是会逃课的。

当我找到他的时候，他正叼着一根芦苇翻越学校的铁丝网。他本来打算像美式漫画里的英雄一样做个从天而降的造型，却不幸地发现——他的白色衬衫被铁丝网钩住了。于是谭誉将求救的目光投向了我。

我走过去，帮他拍了一张照片，然后帮他摆脱了与铁丝悬空僵持的悲惨绝境。

而谭誉看着我的照相机明白了一切，他像发现新大陆似的在我身边不停地打转，"没想到你还是本校的小记者啊！我看你实力不凡，你肯定还是文学社的成员吧！"他没有猜错，我是文学社的成员，学校的人都知道呆呆麦，却不知道呆呆麦就是我。

"嗯，是的！"

而他又开始了进行他的推测，然后一脸的坏笑，"据我的推测，学校最有名的呆呆麦就是你吧！"

我也很诚实地点头，显然，他被我的诚实给打动了，把他的所有资料都爆料给我，还有他所有的隐私，他就差没有把他家的银行密码告诉我了。

晚上我把所有整理好的资料交给宋泽明。他则很开心地看着这个报道说："哈哈，沫沫，我就知道，谭誉这个怪人只有你才能搞定！"

第二天，校刊刊登了整版关于谭誉的专访，采访人是呆呆麦。

一时间内，校园所有活着的生物都拿着这份报纸，所有的同学都以"看了吗"作为新的打招呼方式。

当所有人都对你感到满意的时候，必定会有人对你感到不满。谭誉就是这个人，他卷着报纸，气冲冲地走进班级，然后对我说："你，给我出来。"我在众人惊讶的目光走了出来。

他把报纸甩在我的身上，很鄙视地看着我。我看着自己所写的专访，压根儿就挑不出一点点的毛病啊！他那张最帅气的照片帮他放在最中间，标题是他自己说的——谭誉帅哥的潇洒生活。很拉风啊！

"干吗？照片拍得不好？还是不够属实？还是你长得不够拉风？还是你要稿费？"

谭誉死命地摇头，都不是这些，我不解地看着他："那是什么啊？"

谭誉深恶痛疾地看着我，然后把报纸使劲地戳："我的梦想，我的梦想呢？难道你忘记我的梦想了？"

汗死！他的梦想我估计谁听过之后都忘不了，当时的他像奥特曼变身时的样子很豪迈地对我说："我梦想就是要当土匪，要去创建一个属于我的山寨，我要去当山寨王。哈哈哈哈。"

这样的梦想，我估计我一辈子都忘不了。

我很诚实地跟他说："主任说了，你的梦想不够现实，现在在现实的生活中没有土匪，现在都是强盗，所以不能刊登。"

他表现出了前所未有的失望："怎么可以这样，那个梦想明明就是采访的精华所在啊！我不管，我要你重新采访我。"

我没有理他，只是转身回班级，而他却一直跟在我身后，像个做错的小孩儿，不停地说着："我要重新采访，我要重新采访……"

我实在忍不住了，就随便对他说了一个理由："只要你这次考试全都及格，我就重新采访你。"

而他想都没想，就爽快地答应了。

考试的成绩很快就出来了，谭誉的成绩全及格了。晚上，他很开心地在我家的楼下叫着我的名字，我很开心地走出来，对他说："怎么，要请我去玩，为了感谢我？"

他嘿嘿地笑着，拍了拍他的单车后座："你先坐上来再说。"

我坐在他的单车后座，轻轻地搂着他的腰，把头靠在他的背上，贪婪地吸着他身上淡淡的沐浴露的味道。

我听见谭誉用很轻的声音问我："夏沫，你可以做我的女朋友吗？"

我呵呵地笑着，然后点头，谭誉很开心地笑着。

可我却没有想到，这是我们在一起的第一天，也是最后一天。

谭誉离开了，他离开了多久，我就疯狂地想念了多久。这种想念伴随着我的每一次呼吸，每一次心跳。

接下来就是高考了，我幻想着会在学校碰见谭誉，可他依旧没有来考试。

高考的试题都很简单，没用多久的时间就写完了。我很安静地坐在考场上，很安静地想念着曾属于过我的谭誉。

回到学校拿毕业证书，我看到了教导主任。他叫住了我，他对我说："夏沫，这次考得很不错，果然像我说的那样，是北大的学生。"

我很安静地看着他，"谢谢老师。"

教导主任愣了愣，他原以为我会很开心，可我却表情淡淡地看着他。他对我说："你是不是还在怪我把你和谭誉硬凑在一起。"

一提到谭誉，我就想哭了，我含着泪水，死命地摇着头："没有，谢谢你老师，是你曾给我一段很快乐的时光。"

他说："我并不想要一个北大的学生，我想要的是一个开心的学生，谭誉太过于放纵自己，而你却又太过于约束自己，你们两个是很好的互补。夏沫，谭誉的事过去了，一切都会好的。"

泪水模糊了我的视线，即使是撕心裂肺，我还是笑得没心没肺地说："嗯，老师我还有事，先回家了。"

就在转身的那一瞬间，泪水直线下滑，我想到了那天晚上，我答应了谭誉做他的女朋友，他把车子停在了路边，然后笑着对我说："沫沫，你在这儿等我一下。"

没等我说什么他就跑到了另一边，过了好久，他拿了一杯草莓味圣代回来了，他递给我。我皱紧了眉头不开心地呢喃着："我只吃蓝莓味的圣代。"

谭誉很鄙视地看着我，我转过头去故意不看他，他很无奈地再去了一次KFC，看着他的背影，我觉得很温暖，谭誉，你是第一个让我心动、让我觉得温暖的男生。

谭誉拿着圣代一步一步地向我走来，像王子一样地走来，一声急鸣直接冲破了我的耳膜。我愣了，然后冲过去，我的泪水划过脸颊，轻唤着他的名字，他微笑地看着我……

后来，我趴在宋泽明的肩上说："宋泽明，谭誉说他明天就要回来了呢！"

宋泽明一脸的担忧："沫沫，你不要这样，他不会再回来了。永远不会了。"

我愣了一下，然后冲进房间。我把一本全是写我和谭誉的日记本拿出来，扔给了宋泽明，"宋泽明，你帮我把它给烧了，谭誉再不回来，我们就不要再理他了。"

宋泽明也火了。他狠狠地给了我一巴掌，冲我吼着："夏沫，我也告诉你，谭誉不会回来了，再也不会了，你要这样折磨自己到什么时候，他已经死了。"

我苦笑着，泪水在肆意横流，我很无助地蹲下，"他死了，他真的死了，他不会再理我了，他真的死了……"

宋泽明愣了，然后走过来轻轻地抱着我，"沫沫，哥哥还在呢！谭誉在天国也希望你过得幸福啊！"

我抽泣着："你不是谭誉，你给不了我要的，我要的是谭誉。我什么都不要了，我只要谭誉。我只要他，我只要他待在我身边，我只要看着他坏坏的样子，即使他不再喜欢我，我只要他醒来，我愿意永远不要醒来，我多希望我才是那个躺在冰冷冷的墓穴里的人啊！"

谭誉，你是我路过的似水年华，我们在错的时间相遇，现在的我想听你对我说一声"再见"都很奢侈了。亲爱的，累了就休息会儿，可是你却睡得忘记时间了……

谭誉……

十八年的秘密像座山

十八年来,你虽然不在我的身边,但却早已把所有的爱化成了一座大山,默默庇护着女儿一天天长大成人。

如今你已经远离心爱的女儿去了另一个世界,九泉之下还能听见女儿一声声迟到的呼唤吗?

"爸爸——爸爸——"

十八年的秘密像座山

雪绒花

我四岁那年,刚刚同自家的大黄狗学会在一起玩耍的时候,忽然见到家里来了许多身穿孝装的人,才晓得是久病缠身的妈妈撒手人寰。妈妈入土的一瞬间,你扑在红漆棺材上捶胸顿足地号啕大哭,过去许多人才把你勉强拉开。

从此,你像丢了魂似的,一个人蹲在院落里吧嗒吧嗒拼命地抽着旱烟。孤独无助的我每每想靠近你的身边,都被你瞪起眼睛,冷冷地呵斥着躲开。幼小的我饱尝了失去母爱的滋味,开始有意地讨厌你,认为你是一个冷酷无情的父亲。

你白天要出去做工,不得不把我锁在院子里,唯一的同伴就是那条大黄狗。

记得那天你临走前给我煮了七八个熟鸡蛋,算是我一天的干粮。岂不知馋嘴的大黄狗一个劲儿地向我撒娇,哄得我心花怒放,我就不计后果地把一多半鸡蛋填进了它的肚子。等我肚子咕咕叫时,抬头见太阳还高高地挂在天空。我就站在板凳上扒着墙头向外看,直到暮色四合、天上布满点点繁星的时候,你的身影仍没有出现。

饥饿与恐惧紧紧包围着我,委屈的泪水扑簌簌地落下来,染湿了粉红色的小肚兜。

我搂着大黄狗迷迷糊糊地睡着了,梦中见到你走在前边,我迈着小脚丫拼命地跑，却怎么也追不上你，急得不禁哇哇大哭起来。直到有人轻轻唤醒并抱起我，我才知道是你回来了。

那一夜，我恍惚觉得你一直未合眼，守在房间里一声声悲哀地叹息，仿佛要发生什么不好的事情。

第二天是个令我永远难忘的日子。一大早，你就睁着熬红了的双眼，破天荒地亲自给我洗了个热水澡，又换上一身新衣服，而后叫我坐在床上静静地等候。没多久，你把一个三十多岁的漂亮女人领进屋来，眼神里满是无奈地朝我苦笑着说："以后，这就是你的新妈妈了，她会非常疼爱你的。"

尽管我讨厌你，但骨子里还是那么依赖你，毕竟那时我在这个世上唯一的亲人就是你了，所以我怯怯地蜷缩在墙角，迟迟不肯去拉那个女人的手。直到你发火了，重重地打了我，我才哭叫着被那个女人领走了。走出很远时，我回头还看见你呆呆地倚在大门口，脸上似乎有东西在缓缓向下流淌。

尽管如此，我还是恨你，我刚刚失去母亲，你就如此绝情地把我像小猫小狗一样送给了别人。

我开始管领养我的漂亮女人叫妈妈。

后来我才知道，新妈妈结婚多年一直不能生育，因此把我视作亲生女儿，在生活上无微不至地呵护我、照顾我。一颗幼小孤独的心是最容易被温暖的，我很快开始甜甜地一声声叫着"妈妈"和"爸爸"，快乐地融入了新的家庭。

似乎忘记了曾经的身世，也忘记了那个狠心抛弃我的生身父亲。

在新妈妈的培养下，我渐渐长大了。可在读小学三年级时，我和小伙伴上山玩野炊，从林子里采了一大堆色彩鲜艳的蘑菇，学着大人们的样子放在锅里煮。结果那次，馋嘴的我吃得最多，不一会儿便感到天旋地转、四肢抽搐，倒在地上便失去了知觉。

等新妈妈、新爸爸闻讯赶来时，我中毒时间已超过四个小时，奄奄一息，几乎感觉不到心跳。我在医院重症监护室里整整昏睡了三天才睁开眼睛，模模糊糊的视线中，除了新妈妈、新爸爸焦虑万分的表情，还有另一张熟悉的面孔。

好几年没见面，你苍老了许多，整张脸又黑又瘦，两鬓间也出现了丝丝白发。你隔着玻璃见我醒来，就把眼睛睁得大大的，祈盼地望着我，嘴巴微微翕动了几下，似乎想说些什么。

幸运之神眷顾我，没有让我的生命从这个世界上消失，但是却使我落下了胃痛的后遗症。守在医院里整整一个月的你知道后，却忽然间同新妈妈、新爸爸告辞离去。

我以为你也许会一去不复返，没想到又过了半个月，等我出院回到家里静养的时候，忽然听见有人在楼下喊新妈妈的名字。我顺着窗户朝下一看，你满脸汗水地站在炙热的阳光下，肩上还背了只鼓鼓囊囊的蛇皮袋。

等新妈妈和新爸爸把那只蛇皮袋抬回楼里的时候，才知道你从一位民间老中医那里想方设法讨来一种专门治疗我胃病的草药土方，并且不辞艰辛地到大山里转了快半个月，才采集到这一袋子中草药，嘱托新妈妈把它熬成汤药定时定量给我喝。

望着你疲惫不堪的身影渐渐地从楼下消失在远处的公路上，我的心里顿时涌上来一股说不出的酸楚，泪凝于睫，几欲滴落。

以后，你每次来都要背上一口袋草药，却从未上楼看我一眼，甚至连口水也不喝，把东西交给新妈妈后就转身匆匆离去。我那时的想法是，一定是你把亲生女儿送人了，心里感到太愧疚才不敢见我的。

九死一生的我，异常珍惜失而复得的健康身体，为了报答新妈妈、新爸爸对我的爱，我开始发愤读书，成绩如院墙边雨后的常青藤般节节攀升。

其间，我再也没有见过你的身影出现。听新妈妈说，你一个人到南方打工去了，而且每隔一个月就给她打一次电话，询问我的身体和学习情况。其实在一个少女懵懵懂懂的成长岁月中，并不是要刻意地把你忘记，毕竟在我的心灵里，总也挥不掉你抛弃我的那段刻骨铭心的记忆。

你用那些草药治好了我身体上的疾病，难道也想用它们抚平我心灵的创伤吗？

接到你病危的消息是我读高二的暑假前夕，那天新妈妈急三火四地赶到学校，向班主任老师请了假，而后拉着我的手登上火车直奔南方的一座小城。

在医院的重症监护室里，躺着一个瘦弱得简直叫我辨认不出的人，浑身几乎只剩下一张干瘪的皮，裹着一副骨架，满脸蜡黄、眼窝凹陷。

医生告诉我们，你是在病入膏肓的状况下昏倒在工地上的，垂危的生命已经无力回天。

见到我，你努力睁开眼睛，让医生把一份东西交到了我手里。除了一份遗书，还有几十张存折，加到一起整整是十万元。看着我和新妈妈含着泪水把那些存折收好，你终于隔着玻璃现出欣慰的笑，然后安心地闭上了双眼。

当读完你留下的遗书时，在人生旅途上度过了十八个春秋的我，终于知晓了关于你的一切秘密。

原来，在娘去世的前夕，你就被医生检查出来患上了一种罕见的慢性传染病，虽经多方求医却难以治愈。为了不让我感染病源，你从来不敢亲近我，甚至连抱一下亲生女儿都成了最奢侈的事情。

为了我的健康，你故意板起脸呵斥我，是有意让我讨厌你、憎恨你，从而实现把我送人收养的目的。我被新妈妈领走的那一天，你在门口一直望着我，心碎成了千万瓣，你说像天坍塌了一般。你在床上昏昏沉沉地蒙头躺了三天，多亏邻居们苦心劝慰，你才坚持着要活下去。

在倍加思念女儿的日子里，你只有通过拼命工作来求得解脱。为了使我能在新的家庭里安心生活，斩断这份血浓于水的父女之情，你忍痛去了南方打工。这些年来你省吃俭用，甚至发病时也吝啬就医，却为我整整攒了十万元将来上大学的费用。

十八年来，你虽然不在我的身边，但却早已把所有的爱化成了一座大山，默默庇护着女儿一天天长大成人。

如今你已经远离心爱的女儿去了另一个世界，九泉之下还能听见女儿一声声迟到的呼唤吗？

"爸爸——爸爸——"

我的闺密，我的女超人

杨西西

我觉得我和你像闺密了

那天，我向你坦白："妈，我觉得考一本好难，要是我只考上了三本，怎么办？"外带上可怜兮兮的眼神。你吐了一口气，眉毛扬起，夹起一块鱼放到我的碗里，轻松地说："我还以为是什么事情呢。好好读呀，能考上什么就是什么。"我用不相信的眼神看你，你竟然没有打我！我都做好心理准备了。记得小时候，有次我考了90分，而你的最低要求是95分，你就拿了一根细柳枝抽我手心。我用手比画着："你看，有这么长这么细。"你扑哧一下笑了，我看着你，也跟着笑了。

我没有因为成绩不好就放弃学习，正如你没有因我叛逆就放弃我。我记得初一和班上同学去溜冰场鬼混、嬉闹，堕落得一发不可收，在大家眼中，我就是名副其实的"小太妹"。是你，冲到溜冰场，扬手给了我一个耳光，揪着我的耳朵带我走出那个乌烟瘴气的地方。我跟在你背后，恶狠狠地盯着你的背影，泣涕涟涟。

回到家中，爸爸拿起手中的木棍向我挥来，是你，毫不犹豫地挡在我身前。爸爸怒气未消，推开为我做挡箭牌的你，粗暴地向我身上打来，我的身上立刻起了青紫交加的伤痕，我哭得声嘶力竭。是你，冒着外面的大雨，跑到药店为我买来白虎膏，安抚我的眼泪。我故意拿被子捂住头不理你，你在我房间里小声地啜泣。最终，我妥协了。你打开药膏为我上药，我在你面前哭得像个孩子，向你保证，以后的以后，绝对不会去溜冰场，你哭着笑了。

从糖果店到超市

阿姨看了看我，笑着说："长得越来越不像你了，越长越漂亮。"我害羞地低下头，你不高兴了，称完糖果后拉着我的手就走。一边走还一边小声地对我说："你看我的眼睛，好看的丹凤眼，你硬是没遗传半分，还有眉毛，啧啧，就这眉毛还有点儿看头，和我一样浓。"

我在一旁翻白眼，装出一副不开心的模样，其实心里开心得不得了。我觉得我们现在好像没有隔阂，就像闺密了。

你带我去超市，买沐浴露和洗发露。我们刚刚进入日化区，就被导购员拉住，热情地介绍产品。我看了看标价，介绍的竟然是最贵的那一款。你推辞着，导购员一副"你非买不可"的模样，你使出撒手锏，说："我们只要飘柔！"

导购员收起笑脸，空气顿时冰冷起来，你一脸讪然。我拉着你走进飘柔区，拿起一瓶飘柔，故意大声说："妈，我就喜欢这个。我记得别人告诉过我如果导购员对顾客翻白眼，我们可以投诉。"我余光瞥过导购员，嘿，反倒是她一脸不自在了。你在我旁边竖起了大拇指。

我冲你扬眉，假装不在意地挥挥手。

然后，我拉着你的手去零食区选零食。

我在你身后，看着你，心里有点儿堵。原来那么自信那么意气风发的你，也被时光染上了白发，磨平了棱角，原来你在我心里很高大，仿佛举起手臂就可以冲上天的女超人，现在，我甚至比你高了，换了我来保护你，但是，你永远是我心中的女超人。

老爸私下对我说："你以为你妈真的不在乎你成绩啊，她不是怕你有压力吗？那天晚上，她在床上翻来覆去地睡不着，唉声叹气，我问她怎么了还不睡。你知道她第二天还要凌晨四点钟起床去早餐铺子的啊。"

我点点头，心像被棉花堵住了一样，难过的情绪不断膨胀。

老爸接着说："你别看她在你面前特不在意特淡定，但是她比谁都爱你，每个星期六休息，你回家吃得特好是不是？大鱼大肉的，可平时我们哪有这么好，我们只吃素菜。你也是，吃得那么少，辜负了她的心意。"

我看着眼前这个老头儿，老头儿的年龄大了，鬓角也白了，我转过头，忍住泪。这些，我都不知道。

惊喜大于天

上次暑假去武汉玩，和贴吧上的朋友。

在武大等她们的时候，发现手机和钱包都被偷了。我坐在石凳上，茫然地看着远方。我以为我回不去了，再也不能看到你了。可是后来我发现，包包的夹层里面居然有两百块钱……我在武大的校园拿着钱低着头开始哭，突然觉得我好爱你。

在《中学生博览》上，我总是喜欢看"暖季"那个栏目，因为那是写给爸爸妈妈的，每次看完后，总是感觉心里堵堵的，每次都会想到你，像他们所写的那样爱我。你知道吗，在时光的磨砺下，我对你的爱愈加深厚。

你是我的英雄

亦茹初

她出生于一个偏僻的小村子。在那里，世世代代的人们都过着面朝黄土背朝天的生活。

早慧的她看穿了黄土的贫瘠，看透了早出晚归的辛酸。她渴望着冲出这个小村子，去拥抱外面美丽的世界。她那么勤奋地学习着。多少个白天，她放弃嬉戏埋头苦读；多少个夜晚，她挑灯夜战，最后忍不住疲惫在升起的启明星中入睡。

小小的她终于迈出成功的第一步。小升初，她被县里的重点中学录取。收到红彤彤的通知书后，整个村子沸腾了。在一个艳阳天，她踏上了外出求学之路，转身与送行的父老乡亲告别。她的笑容灿烂如明媚的阳光，她的眉眼弯弯，勾勒出骄傲和无畏。

在外面的世界，她依旧拼搏着，她的努力为她开辟出了一条路。

在大学，她遇见了他。

那时，他老实沉默，甚至有些木讷。她活泼外向，甚至有些任性。性格不同的两个人就这样相遇、相知、相爱了。她心甘情愿地嫁给了他，这个家徒四壁的小伙子。

开始他们的生活挺艰辛，特别是刚买楼的时候。他们穷得天天喝盐粥，吃腌菜，一分钱掰作两份花。

最困难的时光过后，日子一天天好起来。她的坚持没有错，他是一个好丈夫。他不吸烟不喝酒不赌博，脾气又好得很，对她的坏脾气对她的懒没有半点儿怨言，默默地揽下所有家务。他是一个好爸爸，认真地照顾着孩子，教导着孩子成长，孩子们在他的教导下，都乖巧懂事。他还是一个好女婿，在她忙到无暇去看她的妈妈时，他会带着孩子去照看、陪着她的妈妈。

他终于得到了所有人的认可。

她的勇敢、坚持得到了回报，这是幸福的回报。

似乎是上天太羡慕这个家庭。美好的生活太短暂，他因心肌梗塞晕倒在自家的床上。彼时，家里只有无措的小儿子。又因为塞车，救护车来得不及时，他因缺氧太久而离去，没留下只言片语。

她哭得几欲昏过去。她喊："你不是要陪我一辈子的吗，怎么就这样离开。"她推着儿子上前："儿子，你的爸爸只是睡着了，快去叫醒他呀！去啊！"她哭着喊着扑着向前，要抱住他，却被亲人拉下。

她擦干了泪，在他的遗像前轻轻地说："你放心，我会好好养大两个孩子，我会把他们都送上大学，你安心地走吧。"她搂着她的儿女，红着眼眶说："宝贝们，别怕，爸爸走了，妈妈会一直在。你们也要争气，好吗？"

从此她不再是那个爱撒娇的小女人。她放弃了她最爱的麻将，除了上班，她都会在家里陪着儿女。曾经十指不沾阳春水的她，也学会下厨给孩子们做各种各样的好吃的，尽管她一次次被锋利的刀切到手指。

她一下子变老了。

她有时也会偷偷地哭。小女儿很多个夜晚醒来都会听见她偷偷啜泣的声音，听到她低声说："我想你了，你知不知道？"但每一个白天，在儿女的面前她都是笑着的，坚强地笑着，似乎没有什么可以打倒她。

如今，她的小家依然温暖。儿女性格似她般坚强，而且成绩异常优异。她的坚强让她的世界永远不会倒下。

亲爱的妈妈，我爱你，爱你的勤奋，爱你的勇敢，爱你的坚强。我知道，只要有你，我就不会害怕未来。有你，就有我最温暖的家。

妈妈，你是我的英雄，是我世界里最明媚的光。

小 女 人

东 望

笛迩是个不折不扣的小女人。

笛迩成天炫耀她桌肚中堆积的金庸爷爷和琼瑶奶奶的书有多高。

"喏,这么高!"她用手上下比画了一番,小山一样的高度。

所以说她是武侠浪漫和温情唯美下的产物也不为过。

笛迩闲下来的时候跟随潮流看点儿韩剧,跑过大半个小城只为买一个吊椅,不知从哪里淘回来的充满古典风韵的咖啡杯,然后在阳光和煦的下午窝在吊椅内,小抿一口咖啡,翻开手里的书……

"啧啧啧,这就是小资生活啊!"她说。

唉,明明就是伪小资。

的确笛迩是个小女人,只是我认为还应该加上一个如今最流行的词——装嫩。快过来瞧瞧吧,这个词简直就是为她量身定做的。

笛迩最近开始到处搜刮亮色的活泼衣服。

一回家就见她把守在门口,穿着新买的衣服,见我上楼就激动地抓住我的胳膊不放。

"好看吗?好看不好看啊?"

"嗯,好看!"

我揉揉红肿的胳膊,表示无语。

如果不说"好看"就进不了门的感觉。真可怕。

常常跟着笛迩去参加聚会,每次都能听见某人惊呼:"哇!你们两个越来越像了,简直就是一个模子里刻出来的!"

我很悲哀地瞟那人一眼:你损我呢,还是夸我呢?!

抬头看见笛迩"不屑"的目光,然后很有默契地异口同声:

"我有那么难看吗?!"

"她哪里有我漂亮!"

说到装嫩——

比如说生日时她到处宣扬"我三十五岁哦!"——实际上她很不厚道地省略了一个词,当你彻底明白"周岁"与"虚岁"的区别后,就不得不感叹她把博大精深的中国语言文字运用得如此娴熟。以前上学也没见她这么聪明过。

一大把年纪了还四处"招摇撞骗",也不知道被她施了什么蛊,唬得我朋友们一见她就喊"老美女"。

一声一声唤得她心里开出花朵。

吵架是在所难免的。

我一生气把门"砰"一声甩得震天动地,然后锁在自己的房间里不肯出来。

过了小半天听见笛迩敲门。我大喜过望:小样儿,知道错了吧?

没等我清清嗓子做出一副大爷态,笛迩的声音就幽幽地飘了进来:"你是要准备离家出走吗?不用收拾了,我都帮你把行李准备好了,你直接出来拎走就行。"

我离家出走?开国际玩笑啊,我的海报还贴在墙上,我的韩庚抱枕还在床上,我的新专辑还没运到,我怎么可能扔下他们不管!

推开门怒气冲冲地喊:"你才离家出走,你全家都离家出走!"

突然发现笛迩还一脸悠哉，一手按着遥控器，一手拿着零食往嘴里塞。

等等！镜头放慢，那是什么？

我最爱的趣多多饼干只剩了一盒的渣！

啊！笛迩，我要代表月亮消灭你！

"五一"和朋友A一家外出吃饭。惊讶地发现A的爸爸给她找了一个后妈，二十四岁左右。更要命的是这个后妈曾当过我和朋友的音乐老师。

朋友倒是一脸无所谓，作为旁观者的我却在心里打起了小九九。

没有代沟什么的真令人眼红啊！

"大漠，你赶明儿就把笛迩给休了吧，我支持你！"

回家的路上我特别"郑重"地对老爸说。

"什么呀！我也很年轻的好不好！"

嗯，你也知道，骗人的。

"再说了，我老公才舍不得我呢，对吧！"

笛迩把手吊在大漠的脖子上，一甩一甩不亦乐乎。大漠便做出快要窒息的滑稽表情，边往上翻白眼边闷声闷气地点头应着："嗯！嗯！"

"大漠，你看她都被你宠坏了！"我愤愤不平。

"你就知道挑拨我和老公的关系！哼！有本事你以后也找个跟我老公一样的！"

一口一个"老公"，害得我鸡皮疙瘩掉了一地。

明明是热到头顶冒烟的天气，还是觉得阴风瑟瑟。无奈地瞥一眼笛迩，这个女人居然还得意地比着"V"的手势。

……

综上所述，笛迩是个不折不扣的小女人。

但是我得管她叫"妈"。

其实，我很爱很爱她，你早就看出来了吧？

男生，你别嘚瑟

　　他大步上来在我身边手一伸，手机再次对上我的脸，我立即推开他的手机还是慢了一节拍！"这东西比相机还快的，你就认了吧。"
　　我低着头撇下他大步往前走。
　　华灯初放，我噼里啪啦地敲下近六百字的稿子。耳边都是那句："去到那里你就会喜欢上，不想离开……"

无敌衰神呆恬子

7号茉莉

其 一

吾班有神初降临，衰气来袭无处藏。

还记得恬子来班级报到时，老师让同学搬把椅子放在我们身后的桌边，后面的同学见状把椅子推到了我们这儿，搬椅子的同学又推了回去……来来回回时，她进来了，眼睛定在了椅子上，同学把手缩了回去，走了。她坐在了我们这桌。

看她低头不语，我便想了个办法，端了一个小本子，满班要女生的电话。找到她时，她在上面写了两个名字和电话，她说，叫哪个都行。

我以为她是个沉默文静的女生，谁知真的是"人不可貌相，海水不可斗量"啊！

放学时，看见她一路小碎步奔上前去，在一个女生背上推了一把，想吓她一下。那个女生果然被吓到了，可她自己也坐到了地上，摔了个大屁蹲儿。我幸灾乐祸地说了一句："损人而不利己也。"

不过，这样活泼的女生我喜欢，于是以我高超的交友技巧，用了五分之一的体育课拿下了她，拉着她和朋友满操场乱跑，嘻嘻哈哈。恬子对我说:"我一开始还以为你个文静的女孩儿呢!"我爆笑,"彼此彼此!"

我们的友谊,因我邀她上学同行而增进。我的特点,就是萌音,萌笑,萌动作,卖萌就是我的专长,交友无极限。没过多久,我们就成了无话不说的好姐妹。

其 二

最初隐藏深似海,可惜衰气把她害。

我们很快便搬到了新学校。新学校就是好,玻璃的校门,门口还好多花坛。可惜,对衰恬子来说,这些都是一个个陷阱,像一个个恶魔在向她招手。

人人都知道那种一排的玻璃门,全部打开后,总有两扇会挨在一起,学校怕伤了学生毁了门,便把挨着的两扇门绑在了一起,可就是这样,恬子还是逃不过玻璃门的魔爪。

那天放学,我和恬子并排往外走,我安然走过玻璃门,恬子却撞在了那两扇门上,头被夹在了两扇门间,后面爆笑一片。真是高啊,这样也能中!

"花坛里的花可真是好看!"我拉着同行的好友说。只听"哎呀!"一声,恬子撞在了花坛上,可怜的小脸差点儿埋进花土里!她表情纠结地捂着脸向我们走过来,五官都拧在了一起,又跑了回去。"你个死花坛!"恬子一脚踢在了上面,"哎哟!"又一声响彻云霄……

我们放学的路上,一个单位门口有两只石狮子,可恬子却恨死它们了。因为……一次放学,恬子呆呆地向前走,一声"哎呀妈呀!"抓住了我们的视线,视力很差的恬子和石狮子竟抱在了一起!或者说,恬子是投怀送抱,可叫嚷的却不是狮子。恬子就是衰,不仅衰而且呆,呆得可不一世。只能说她不长记性,又踢了狮子,后面的事,不用我说,聪明的孩子都想得到……这个故事还有续集,第二天上学,恬子又抱了另一只狮子……我无语,狮子咋不吐呢!

其　三

悲催恬子无处躲,可怜衰气随身行。

"啊!"面前有一女子满脸是血,流淌开来,桌上的血迹清晰可见,阵阵笑声回荡在耳边……

这可不是在看鬼片,而是真实地发生在我的身边,故事的主角,依然是恬子。

事情是这个样子的……

我们串了座,坐在前面的男生正夸夸其谈,说着自己的玉树临风、英俊潇洒,我听得都快吐了。"噗!"我以呕吐状爬起后,发现身旁的桌布满是血,我看向恬子,她满脸是血,已经从下巴流到了脖子上,恬子还不知死活地冲我傻笑,她一龇牙,血从嘴角往外流淌着……我以为自己在做噩梦,便掐了自己一下。可,可,可这居然是真的!

我问恬子:"这,这,这怎么个情况?"

恬子傻笑着:"纸、纸、纸,鼻子、鼻子出血了……"

"出到嘴里了?还,还喷……"我看着恬子,幸亏前面的男生躲得快,否则他就回不去家了,警察非得把他这个一身鲜血的当嫌疑人抓走。

我给恬子找了纸,拍拍前面的男生说:"看吧!你可真厉害,都把恬子说吐血了!"

其　四

午夜凶铃梦惊醒,喷血事件又发生。

某天下午,恬子说:"浩!我今天中午都吓死了!""怎么了?"我对这个衰神已经失去信心了,悠悠地配合她一下。"今天中午我一起床,就觉得嘴里有股血腥味,去厕所一看,再摆一个耍帅的龇牙的造型,这一嘴一牙的血啊!我鼻血又流嘴里去了。"恬子兴奋地告诉我。

"啊……你是不是一袭白裙,披头散发,躺在床边,胳膊从床上滑落在地面上,鲜血从嘴里流了一床一地,白色的瓷砖上一摊红得唯美的鲜血,在上面绽开一朵娇艳的花?"我半死不活地说。

"不是啊!不是啊!"恬子掐着我的脖子用力摇晃。

"女鬼附身啊!"我笑着大叫。

一天中午,恬子在楼下转悠,碰见一个女的正在打电话,路过恬子时碰到了她,那女子"啊"的一声,刚走出去两步,手机就飞出去了,电池都摔没了。

恬子:"呃……"

其 五

可怜恬子无处藏,无辜鸽子把她砸。

一天,恬子找我一起上学,她说上面有什么东西在砸她,抬头一看,一个不明飞行物以抛物线状态砸中她的眼睛,差一点儿就"进洞"了。不过,终于看清是谁在攻击她了,是一只洁白的鸽子……而砸中她的是一个煤块。

恬子很受伤地说:"怎么连鸽子都看不上我啊!"我"安慰"她说:"别生气,别伤心啊!你只不过是衰得连鸟都看你来气嘛,没事的。"结果的结果,是我差点被灭了。

在班里人人都知道恬子有件避雨神器——伞。这可不是那种遮风挡雨的普通伞,它是可以控制晴雨的。

只要恬子带着它,天就会晴空万里,阳光明媚;但只要恬子没带伞,就绝对会电闪雷鸣,大雨倾盆。所以现在,只要天一阴,就会有同学来问她带没带伞。

　　有一次，我把恬子给伤了。早上上学碰见恬子，问她带伞了没，她说没带，我就又跑回家拿伞了，身后传来恬子的怒吼："找死啊你！"

　　恬子的衰事，就算说一辈子也说不完，就像她说的，她的一生还长着呢！不过，我真心想对恬子说："恬子，你的上半辈子把倒霉事都受完了，下辈子的路应该也会很好走吧！真心希望，你会过得很好……"

亲爱的木木，我们开始认真了

Lennon.L.Luo

2009 年 9 月 1 日 · 艳阳 · 迭

我一个人坐在一张应该是两个人坐的椅子上，抱着新书包，所有人都在看着我。是的，只有我是独自一个人的。

"咚咚咚咚……"一阵匆忙、轰轰烈烈的爬楼梯声传来，一个留着遮到眼睛的长刘海儿的男孩儿拖着书包，风风火火地冲进教室——是当着班主任的面冲进来的。他啪的一声将书包扔在我的桌子上，又一屁股坐在了我的右边，一边大口喘着粗气，一边整理着他被风吹得凌乱了的头发。

老师点名时我才知道他叫木木，有点儿小叛逆的木木。

于是，我有了一个很阳光、很落拓、像极学校里的大棕树的同桌——林木木。

2010 年 6 月 20 日 · 虹迹 · 远

停在操场上的四辆大客车陆陆续续地开走了。

我们好奇地挤在走廊里看着它们缓缓开过学校的小桥，开过长长的校道，穿过那排高高的棕树，穿过整片整片漫长的雨。

车上坐满了人，好多好多的人。

木木枕着橙色的英语书，打着哈欠问我："他们是去考试的？"

"嗯，又没有吃早饭啊？"

他说话时带着一股清新的薄荷香味，"来不及了，我七点半起的床，睡饱了。"

木木，你知不知道大客车开出去便不会再回来了？

木木，你知不知道以后我们也要坐上大客车离开？

木木，你知不知道你又是最后一个进校的人？

雨似乎停了。夏季的云散得特别快，一线阳光刚钻出云朵投射在偌大的操场上，像是不小心溅入水中的墨滴，一眨眼便是满目的阳光。只是空气中依旧散着浓浓的水汽，掺杂着棕树淡淡的香，被夏季雨后凉凉的风吹得到处都是。天边奇迹般地出现了一道彩虹，像极了学校食堂卖的彩虹糖，不小心碰倒了，便散落了一地。

"木木，快来看，彩虹！"久久的，没人回应。

对哦，木木旷课出去玩了。

可是木木，彩虹真的好漂亮。

2010年12月25日 · 霜痕 · 迷

今天早上来时，木木不得已戴上了他的那条红围巾，像极了圣诞老人。

窗外的棕树叶覆上了一点一点的小白点儿，像是漫天漫地的雪落在树叶上一样，很好看。

但地理老师刚刚说了："这是霜。"我居住的城市向来是不下雪的，即便是圣诞节，天使也只是很粗略地在树叶上抹一点点霜。

没有下雪，但木木说喜欢雪。

"北飞南雁，逐雪而灭。"很久以前木木用尺子刻在桌子上的话，花了他一节课，现在依旧留在桌子上。

数了数，木木调走三十五天了，他现在坐在最后一排。我知道，他看不清老师的板书，就像他知道我不喜欢穿拖鞋一样。

新同桌很好，很乖，上课从来不会和我玩，即便是下课也特别认真。

可是木木，圣诞快乐。

2012年2月29日·雨季·流

陆陆续续地下了三周雨，似乎又是城市悠长悠长的雨季。

木木还是溜回来了，在初三换新班主任时溜回来的。放在桌子间过道上的纸篓又积满了一桶，是我和木木用计算后的废纸一点儿一点儿积满的。

"Time goes by，时间流逝。"木木开始认真地背着英语词组，很认真。我一页一页地翻阅着三年里累积下来的厚厚的笔记，说："轮到你去倒垃圾了。"

"好多都是你扔的，你去。"他像往常一样推托着。

"你耍赖。"

四年一度的2月29日，下雨的2月29日。

2012年某月某日·冗梦·泪

雨还在下着。城市里的雨季似乎总是很长很长，就像是雨点从云层再到手心的距离，绵长绵长的，却又断断续续。

曾经做过一个特别冗长的梦。梦里，我骑着单车，与木木穿过那排高高的棕树，跑去看一场四个小时的电影，跑去看那梦里的海，看那些雪白色的海鸥在我们面前投下一羽一羽黑色的影迹，像一些浅浅的脚印，布满了我的整个青春。

木木，一起穿过这个绵长绵长的雨季，前面阳光满天。

这群疯子是好人

MIC 小筱

棉袄慧、忍者神慧、颜咬慧，on the way

你是我最好最好的朋友，最好的定义是什么样的，我不清楚，但我知道四年下来，我们的友谊已到了没有任何事物能将我们分开的地步。

很多人都羡慕我们，高中后，我9班，你19班，两层楼，一东一西的距离，但这并不是阻碍，每天放学你都会来找我。很多次别人都对我说："你俩感情可真好。""真羡慕你们这么深厚的友情。"每当这时我都会开心地笑，发自内心地高兴，还不忘口是心非一句："什么啊！谁和她好了？"

可是可是，我们真的不能一起去逛街呀！每次一上街，两个资深吃货从这头吃到那头，明明都已经撑不下了，还要说："唉，真是的，还没吃饱嘛。"总之每次和你上街钱从来没剩过，就连懊悔的时候还不忘互嘲对方真能吃。

和你一起做坏事我从来都不怕，真的。

天塌下来，你顶着吧，不然实在对不起你那体形，这也是真的。

大晨子、韶、小沫、薏苡

算一算我们也认识十年了吧。可能除了我父母之外你就是和我在一起时间最长的人了。这么多年了,你一直像亲姐姐一样呵护我,关心我。

从小到大你都是戴着好学生、好孩子的标签过来的。可是又有谁能看到你那浓厚书生气下的小调皮、小抽风?

酷爱文字的你写过N年"著作"。从初中的《浆果丛林历险记》到《牵绊》,先不说写得怎样,光看你多少多少万字的标记也足以令人发指了。

你的梦想是当一名老师,我说你当老师我将来会把我的子女送去让你教。你说:"你送来吧送来吧,送来我把她当成你然后整死她。"呃,还有还有,别忘了我们刘海儿妹妹三人组啊。因为我姓刘,所以我是队长,就这么定了,别想反对啊。

杂菌、小太阳、王君、Queen

你总是让我各种心疼,各种纠结,以及各种崩溃。

你真的得好好的啊,你说你是热情的小太阳,但是……你热量太大,抗不住啊。

说实话,你换男朋友的速度比翻书还快啊,怎么前几天你还跟我说你和一个很腼腆的小男生在一起了,后几天就说那小男生没意思,你现在正和一个校草级的帅哥在谈。

各种汗颜,各种无语,各种头疼。

你说你什么时候能让我少操点儿心,聪明的脑袋不好好读书,天天在那谈谈谈。唉,你让我不要缺席你的未来,可是你这样下去,我担心你的未来呀。

小狒、小西、程PP、慧儿

留级的你，搞笑的你，可爱的你，快乐的你，特殊的你，苗条的你，发育缓慢的你，变态的你，极其抽风的你。

现在好吧？尽管上个星期才和你写的信，尽管我们的学校在一条路上，只隔一个小学的距离，但我还是怕我们不在你身边，你会闯出什么祸来。

你和她们一样，总让我操心，离开我之后，感觉你就像变了一个人似的。曾经那么快乐的你，不复存在了。你说你离不开我，你说一个人的生活是觉得少了些什么。

你知道当你说出这些话的时候，我多么想上去拥抱你，对你说："没事，我还在，我们都在呢。"

嗯哼，我都记得。

某一天，从我家到大埂，你看见河里的一条小蛇，吓得鬼叫。

某一天，深夜里的骚扰电话和短信。

某一天，照毕业照时我们双手紧握的傻样。

……

真多真多。

用你的话说，坚持，再苦你也得坚持，高中等你，快来。来了之后我们又可以继续相亲相爱了，从前那个快乐的你也一定会回来。

小西，等你！

汤汤、鸭子、某人的宝、韩孬孬

你是一个矫情的人，很矫情，非常矫情。

对我来说，你一直是一个特殊的人，在我看来，你很独特。

我已记不清你是怎样进入我的世界的了，在我伤心难过的时候，你总能恰到好处地关怀我。

我一辈子都不会忘记那个我没来的晚自习。你们着急地疯狂地寻找我的情形，所以也就是在那时，我决定以后要好好善待自己，不能让在乎自己的人伤心，这是你教会我的，谢谢。

"香真真，一年销量三亿多杯，杯子连起来可绕地球三圈。优假假，我是你的什么？你是我的优假假。这样我就可以把你捧在手心里了。"

这么有才的广告词也只有你能想到了。

好吧好吧，学一下你的矫情，汤汤是小变态的汤汤，小变态是汤汤的小变态。

倩永、小倩、小QQ、Bird For Nice

你是一个文艺女青年，用这个词形容你太合适不过了。

作为我的现任同桌，你是不是感到万分、十分、特别、非常、极其荣幸？我知道我知道，一切尽在不言中。（某倩："你真的够了！"）

你的文笔我真心佩服，你写的词写的句子往往透着淡淡的忧愁与哀伤。但你不是现代版的李清照呀，况且你长得不忧郁啊。（某倩："你真的真的够了！"）

我们经常讨论一些变态的话题，所以时常语出惊人连带着一串极其白痴的对白。你总说我猥琐，可是我真的不猥琐，我是一个女孩儿哎，怎么可以用猥琐形容我？虽然说我真的猥琐。

好吧，这"总说怎样，可是真的不怎么样，怎么可以说怎样，虽然说真的怎样"的句式是和你学的。不要否认，否认就是承认。

总之，还有两年，咱先凑合着过吧。

花花、假假、盖盖、小变态

还有很多人想写，但由于各种主客观因素，决定以自己结尾。

我很不爽，为什么你们总跟我的头发过不去呢？以前没剪刘海儿的时候，有人叫我光光，剪了个刘海儿后又有人叫我盖盖，好不容易盘个头发吧，你们又说像一坨屎，像一个鸡蛋扣在一个鸭蛋上……别逼我……

姑且不提发型问题，什么师太之类的外号你们忍心强扣在我身上吗？忍心吗？忍心吗！好吧，我知道你们忍心，我就一可怜的人啊。

其实，在这个疯狂的世界疯狂的年代里，像我这么一个正常人，周围有这么多的疯子整天发疯，能活到现在我是该崇拜自己呢，还是崇拜自己呢，还是崇拜自己呢？

惨了，得遭群殴了，先撤了……

最后，群殴场面血腥，谢绝围观。

你说的永远那么远

Miss 倩倩猪

最生动的作文课

小七，第一次见你，说实话我很纠结，你穿得那么土，让我无意间就抱着一种鄙夷的态度看你，我不知道像你这样的女孩子怎么好意思出现在这个以"贵族"自称的私立学校。

说是贵族学校并不是真的贵族，都是些中考失利的孩子拿钱进来的，学校升学率不高，就是喜欢有事没事乱收费。

那节课，我超喜欢的语文老师抱来了一大摞作文本，讲评一篇叫《我心目中的偶像》的作文，我写的是老妈，无非是写一些有的没的真真假假的故事，只要感人，我愿意编造，总比写一些电视上涂抹胭脂的明星来得真实。

我不是一个本分安静的女生，还有一些或好或坏的想法，正气与虚荣心并存着。

而小七，你太真实，把你心中所想所看的统统写在了那本粗糙的格子纸上，语言平淡乏味，用词也不大恰当，一句句单调的文字组成了一篇算是作文的作文吧。可这样的作品却被语文老师赏识了，她让你站在讲台上把你的作文当范文念给大家听。

我看着你走向讲台，手隐约地有点儿颤抖，脚不安分地在地上画圈圈，发出的声音像是催眠曲。我不屑地把头转向了窗外，外面的天气很不好，乌云密布，放学的时候应该会下雨吧。

你念，"我从小学就开始喜欢罗志祥……"我听着扑哧笑出了声，都多大的人了，还追星？

你接着还念，"但进了这所高中后，我的偶像变成了两个人，第二个她叫路惜惜，对，就是我们班的路惜惜……"

这时，全班同学的眼神"咻"地都瞄向了我，我讶异地看着台上的你，心里有种说不出的感觉。我瞪着你，你红着脸低下了头。

我们的友谊像是追逐赛

小七，那之后，我总是会无意地开始注意你的一举一动，虽然还是不大理你，但心里已经有了一个位置是属于你的，尽管算不上是好印象。

你像个跟屁虫一样缠了我两个多月，问一些云淡风轻无关痛痒的琐事，我很少搭理你，就算回答也是几个字几个字的。我对别人不那样，总是笑得张狂，像是公主般骄傲，却又不失礼貌，大家都愿意跟我玩。

你羡慕，你嫉妒，这些都那么明显地写在你的眼睛里，你渴望的眼光一点点满足了我的虚荣心，我习惯了有你在身边晃悠。

后来，我们理所当然地成了班上玩得最好的朋友，一起吃饭，一起上厕所，一起聊八卦，还一起讨论我们学校男生谁长得很帅。

那些小女生该有的心情我们彼此分享着，直到学校组织了一次元旦晚会，我们的关系开始一点点地疏远。

我从小学过跳舞，少数民族的、街舞、爵士多少都会一点儿，班主任让我担任我们班的文艺委员，一直以来也没有发挥什么作用，这次我觉得机会来了。我开始组织了一些班上跳过舞的女生排练节目，你常常过来给我送午饭或者是晚饭，大家都羡慕我有你这么一个要好的朋友，那个时候我心里满满都是幸福。

一个多月的排练没有辜负我们的付出，在初审、复审的时候我们过关斩将地进入了最后的表演名单，我兴奋地摇着你的肩膀，我说："小七，金子就要发光了，你不替姐妹我开心下吗？"

你勉强地挤出一个笑容，我隐约觉得你好像有心事，问你却又不肯说，之后我慢慢地淡忘了，一心扑在即将到来的元旦晚会上。

永远是个多美好的词

你说："路惜惜，认识你是我这辈子的福气，我们要永远做好朋友，这辈子，下辈子。"

我记得当时我们在操场上，你坐在草坪上双膝弓成一个桥洞的模样，两手抱膝，那情景看得我很别扭，怎么说呢，你表情是充满幸福快乐的，可你的姿势让我想起寂寞这样的字眼。

我倒挂在双杠上，头有点儿供血不足，缺氧，半开玩笑地回应你："小七，永远，到底有多远呢？"

"从这里到那里的距离。"你当时用手比画着那个短短的距离，"是从你的心里到我的心里之间的。"

元旦晚会成功结束后，我穿着跳舞的裙子就跑去找你了，我想第一时间与你分享我的快乐。可我找遍了整个会场也没有见到你的身影，我问了几个熟悉的同学，她们说："小七啊，今天好像没来看表演吧，听说和她同桌一起去广场了。"

我气喘吁吁地赶到广场，看着你站在烟花中笑靥如花。不知你同桌问了你什么，你很生气地扔掉了手中的烟花，说："别跟我提路惜惜好吗，她不是我的朋友，从来都不是，我接近她不过是为了讨好路霄帆罢了。可现在路霄帆拒绝了我，我从今天开始失恋了。"

然后你就哭了，撕心裂肺。

我当时听到这些，站在原地像是被施了魔法似的，怎么也动弹不得，然后一瞬间眼泪就不小心滚落了。

原来，我们之间一直横着个路霄帆——我长得不错的哥哥。

原来，友情可以为那卑微的喜欢搭建一座桥梁，然后再过河拆桥。

原来，你说的永远竟然那么远，远到在这么短的时间内我们竟然走失了……

此致，敬礼，季先生

zzy 阿狸

季先生，第一次看见你的文章，我记得是念初一那一年。想要买那期《中学生博览》的时候有点儿迟疑，因为那一期的封面是黄圣依，看起来花花绿绿的，担心它会和其他杂志一样是娱乐至上。后来摸摸口袋，发现口袋里只有三块钱，买一本小博后还能顺便买根棒棒糖，我那时候竟然还为这看似完美的打算而暗暗赞美自己，现在想来真想找个地缝儿钻进去。

那会儿，老师管我们管得很紧，不让我们看课外书。当我看到你特别的姓氏时，就特别想看一看你写得咋样。但当我在班主任的课上偷偷摸摸地看完了你写的文章后，激动得怪叫了一声，班主任锋利的眼神几乎把我给KO掉。

那是我看过的第一篇青春美文，那是我看过的最好看的青春故事。

那篇文章叫《因为有你在这里》。

我在网上搜索你的名字，扒出了你的读者群、论坛、贴吧、博客……为了给你留言，我注册了第一个新浪和百度账号，现在快五年了，我换过很多马甲，但却不敢忘记第一个账号，虽然你从没有回复过我，但是每次登录，就好像看到了2009年在中国的两端素未谋面的你和我。

后来你因为要赴艺考而搁置了写作，我那时候就下定决心要成为下一个你，决定给小博写稿。虽然到现在还没有成为下一个你，但我想，我已经成为了一个有点儿特别的我。还记得那时候，我雄赳赳气昂昂地举着最新一期的小博，向我妈发誓一定要上小博。后来我妈偶尔说起当时我的熊样真是把她给吓坏了。但我脑子笨，词汇量又少，写了一年才过了第一篇稿，而那时我已经在念初三了。我兴奋得彻夜失眠，因为我终于在你发表过文章的杂志上发表文章了！虽然那篇稿被删改了很多，但发现引用你的那段话没删后，心里忽然觉得就算不拿稿费也没有关系。

你看，我真的是在踩着你的脚印慢慢长大呢。

高二，我一如既往地抽空在群里给你留言，告诉你我已经在小博上发表文章了，还有很多乱七八糟的事，你竟然破天荒地回复我一个太阳的表情，还有一句红色12号宋体的"加油"，我那时整个人都快乐疯了。

前不久整理博客，看到了博客置顶的是转载你写的《关于投稿、写作和我们的故事》，里面是你分享的写作心得和投稿建议，我第一次看到这文就摘抄了里面的一段话，宝贝似的用它来做了个文档模板，接下来的好长时间里每次写稿都会打开它，认真地看几遍再写。那段时间几乎没有过稿，但每次看到你说的话，就会瞬间满血原地复活，燃起斗志再写，再写……

但我最后还是把那篇置顶博文删除了，回头找了找电脑的文件夹，发现不知道什么时候我早已把那个文档也删除了。

是不需要了还是厌烦了，我也不知道。

但我记得五年来我唱过的少年歌，每一句都有你。

直到现在，有你文章的杂志我还是会马上买下来，从头到尾看很多遍后，再拿回家里码得整整齐齐。还是会去你的贴吧和同样喜欢你的读者交流，看你的微博再小心翼翼地评论，听到你要出新书了兴奋得在空间微博里奔走相告……原来这些早已成为了我的一种习惯。

《因为有你在这里》我反反复复读了很多遍，里面的每一个情节在我脑海中都演了好多次，即使拾不回当时的那份青涩和感动，我也乐意这样做。回想起后来与小博所有的相遇，都只有一个简单的理由吧——季义锋先生，因为有你在这里。

此致，敬礼，季先生。

男生，你别嘚瑟

谌幕晓

我需要回忆在某个冬夜带给我熟稔却久违的温暖，所以请你们替我记得曾经，并好好保管。

我确确实实是宅女，又是那么沉闷的一个人，不懂交流、不懂交友、不懂邀约。电脑成了我唯一的伴儿，它光鲜亮丽的容貌陪我虚度了大把大把的光阴。

终于，前面的理由被另一充足的理由压了下去。出门有"摄影师"和"记者"的陪同，让我的虚荣心爆棚。

我颇为惊讶地进了校电视台，被分到了叫"广州一线"的栏目组，和我一起的是一个可爱活泼的女生记者和一个幽默、爱捉弄人的男生摄影师。

12月8日，周六，我乘地铁半个钟头后，走出某个地铁站。一看时间，离邀约的时间还有一会儿，摄影师一个电话打来说来接我，还不忘斤斤计较地质问我提前挂了他的前一个电话。

我看这个男生就是一个话痨，穿着件红色格子麻布长衫，一手扶着挂在脖子上的数码相机，一手抓着件黑外套跑向我。"姑奶奶你怎么在A出口啊？这里是最偏僻的地方，都没有人从这里出去。你就不会跟着人流走到那边的出口……今天穿得真好看啊，你热不热？出去外面你就知道热了……走，我要去办张卡，衣服帮我拿着……"

"我第一次来这里，怎么知道A出口没人啊……不热啊，我也是从外面进来的，外面有阳光我知道。"我白了他一眼，无奈地拿着他的外套跟着他跑。跑过一条又一条街后，站在门关得紧紧的中国银行的牌子前，我石化了。他认真地看了银行的工作时间表，淡定地回过头，"下班了，走吧！"

他一定是故意的！

话说在前三四分钟的时候，他自顾自地越走越快，然后在拐弯处消失了身影，我以为他会突然跳出来吓人，快步中盯了十几秒，最后抓紧随身包包的带子一路小跑。要知道，我可是穿着连身短裙的……要是不知道马上就下班，你觉得他至于跑得魂飞魄散吗？

第一期"广州一线"前往的地方叫"红专厂"。原本我的计划是去沙面——一个有历史的欧洲风格建筑群的地方。他却说："给你们DV机，你们去就行。"一个有点儿技术的摄影师不去，叫我们自个儿去拍些没技术的照片。这哪能？他只是淡淡地说："太远了。"

红专厂是个创意区，2009年有人在那里播下了第一颗创意种子，种子得以发芽成长，创意因子活化了废弃的工业厂房。百度了资料，我的眼睛眯成一条危险线。最好是个值得花时间去的地方，否则……哼！

喜欢拍照的同学，斑驳的树影、亮黄色的路标、蜿蜒在屋檐顽强的枝根、小店门口花花绿绿的假植物、创意店的设计摆设、画展里各种抽象的创意图、露天咖啡厅饮着奢侈咖啡的人们，都值得找对角度、找对光线拍下美图，至少那些都成了他相机里的目标。

我竟然面对他认真拍照的样子微微发呆。

我问："平时逛街也这么拍照吗？"

他说："想拍好看点儿就会不顾形象，不然就干脆别拍。"

他突然回过头说："我还没带女生来过红专厂，你是第一个。"

我说："我不早恋的，早恋的都没有好结果。"

他停止拍照，回头看我说："是吗？"

他瞬间嬉皮笑脸，拿着他的手机自拍了一张，神秘兮兮地说：

"给你看个东西。"我天真地凑过脑袋,一张自己放大的脸吓了我一跳。

我伸手奋力竟抢了个空。"删掉!"我僵持在原地几十秒,眼神如机关枪来回扫射了他几万次。

他大步上来在我身边手一伸,手机再次对上我的脸,我立即推开他的手机还是慢了一节拍!"这东西比相机还快的,你就认了吧。"

我低着头撇下他大步往前走。

华灯初放,我噼里啪啦地敲下近六百字的稿子。耳边都是那句:"去到那里你就会喜欢上,不想离开……"

骑着风筝，到春天里去找你

　　虽然我还是常常想抱头大喊学科君给我指一条明路吧，还是常常在封闭了窗和门的屋子里走来走去，明明知道门在哪里却不想去推开它，常常会一不小心就踏进冬天的门槛踩着雪越走越远，但是没关系，你不用担心，等春天来了，我就转过身骑着风筝去找你。

不要叫醒我

安暮帆

"母亲"这两个字好似无上的权威,凡是从她口中说出的话就经不得半点儿违逆,如若不然,非打即骂。我小心翼翼地施展着任性,试探着她的底线,想找出自己在她心目中的位置。我很惧怕她。

第一次考第一名,拿着成绩单想向她炫耀,却只得来一句冷冰冰的"我忙着呢,一边玩去"。同学都怕功课做不好成绩垫底挨骂,我却从没有这些困扰,她从不过问我的成绩,唯一要求就是不要让老师请家长。

我以为是自己做得不够好,于是拼命地用功学习,可是半夜被冻醒,台灯还亮着微弱的光,没人来给我关灯抱我上床。

碰得钉子多了,也开始知道疼。

我学会了做饭,尽管第一次盐放多了,我大口大口地吃完后,喝了整整一壶水。脏衣服堆得和小山一样高时,我拎了一桶水洗了一整天。干不干净我不知道,我只知道要是再不洗就没衣服穿了。

升学时,她丢给我一大笔钱就匆匆离开。我穿梭在陌生的学校,寻找一个个交费窗口。抱着可以把我淹没的被褥爬上宿舍楼,在舍友同他们父母的撒娇声中默默地铺好床铺。

逐渐长大的我早已经能够独立做好每一件事,也有了自己的想法,虽然偶尔也感觉孤单,但从来没想过说出来。

随着时光的流转，青春悄无声息地伸手，将我的叛逆一点点剥开。

她常常忘记答应过我的事情，我嘲讽她出尔反尔；她拆了我的信，我说她侵犯个人隐私；她旁敲侧击问给我打电话的男生是谁，我就冷笑着回答："难道你上学的时候没早恋过吗？"

矛盾一次次地积攒着，争吵由小变大，常常噎得她说不出话来。我早就不是小时候那个小心翼翼讨好她的小女孩儿了。

十六七岁的姑娘总是敏感又任性的，那个时候，我的脾气已经暴躁到无法理喻。刚进房门就看见她在拨弄我的日记本上的密码锁，一把从她手里夺过日记本，握着封面封底硬生生地掰开了整本日记，脆弱的塑料锁片瞬间分崩离析，我狠狠地把日记摔在了她面前。

这种并不算惊世骇俗的行为让她太过震惊，她愣在那里，过了半响才解释说："我只是想关心你……"

现在想表达自己的关心，是不是太迟了！我需要你陪、需要你关心、需要你爱护的时候你干吗去了？一瞬间委屈与愤怒交织，我歇斯底里地冲她大喊："不用你管！我受不起！"

年少的我自然不懂这句话有多伤人，我和她多年如履薄冰的关系终于在这一刻破碎。我长长地舒了一口气，甚至微笑地看她颓然的表情。

报复的快感并没有持续多长时间，因为她仍旧锲而不舍地试图"走近我"，面对这个无坚不摧的敌人，我只能不断地逃脱，像是陷入了一场乐此不疲的追逐游戏。

我迫切地想要长大，挣脱她的束缚，甚至在地理书上圈出许多地方，我跟死党说："还有一年，等到高考完就去流浪。"

可是还没等到高考，她强大的外衣就脱落了。

在医院里看到她插着各种管子昏迷不醒的模样，我一点儿也不伤心。握着她温暖的手，内心无比肯定她一定会醒来。因为她那么厉害，甚至昨天还因为我顶撞她提着扫帚追了我几条街，把我吓得不敢回家。

鼻子有了酸意，却怎么也哭不出来，好像只要我哭出来她就会消失不见一样。脑海中不断叫嚣着"你起来打我呀骂我呀"，就是在这个时候，我才发现她的鬓角已经有了白发，比起那些叔叔阿姨，她有点儿显老，可床头的病历卡上清晰地记录着她才四十岁。

没有了她的吵闹，家里一下子变得冷清起来。

我去医院看她，削水果、倒水、喂饭，这些事做起来愈发娴熟，也会和风细雨地同她说话，给她讲笑话听。偶尔扫地，洗病号服的时候还会哼个歌，同病房的一位家属跟她说："你女儿真乐观。"我那时候还有点儿无奈地想，反正我哭到死她也不会多看我一眼。

"成长"二字，总是伴随着残忍。当我听到越来越多的人给予我"懂事""成熟"之类的评价，我也接受了她带给我的无法抗拒的长大。

相对来说，她的身体一直恢复得不错，偶尔也和我吵吵架，只是再没力气动手打我。像小孩子一样，待在哪里都要让人陪着，我甚至有些恶毒地想，现在总算了解我小时候的感觉了吧。

如果不是高考报名要用到户口本，如果不是我好奇地拿出夹在塑封中的纸条，我永远都不会知道，有一瞬间，她真的要离我而去。

我捏着那两张病危通知单，坐在床边哭得不能自已。

听见敲门的声音，我抹了抹眼泪，喊了声"进"。她走到我面前，迟疑地问："是不是谁欺负你了？"

她以前进我房间是从来不敲门的，那一瞬间，我忽然觉得有什么东西在心里破土而出。千言万语哽在喉中，我猛然起身，紧紧地抱住了她。

爱貂之痛谁人懂

少林修女

我妈有件貂皮大衣。

该妇女的审美观一向异于常人。她买的这件貂也是同样令人动容。因为此貂的款式可用以下几个关键词来形容：毛质浓密、黑棕混杂、茧形、连帽、灯笼袖、中长款。

这样的颜色和样式，在我妈中年发福三围相等的体形上，稍微有点儿常识的人都能想象到像什么。

——像熊。

为什么说审美差的人不能买皮草呢？

因为一般的貂皮大衣，穿在发福妇女身上，基本都像熊。但穿在高挑美女身上，基本都能化其腐朽，将整体气质提升为贵妇。

但是我妈买的这一款极为无可救药。胖人穿，像熊；瘦人穿，像沙皮熊。

我妈穿着该貂，饱受非议。在家穿，家人说像熊；在外穿，同事说像熊。人见人说像熊。

但是，我妈对貂皮大衣渴望已久，对貂皮大衣有着很深的执念。如今觊觎数载终于贷款买得一貂，再加上她的审美异于常人，再加上她的自我催眠陶醉，她将所有负面言论都归结于人类的嫉妒心。

她认为，家里人是嫉妒她活得自在，想买就买；女同事是嫉妒她貂皮高级，望尘莫及。但这些人又虚伪地不想表达自己的嫉妒本质，所以都对她采取人身打击，就都说她穿着像熊。

这个想法和结论支撑着她穿着这件貂皮大衣度过了数个冬天。

昨天发生的一件事，如铁锤一般打碎了她的自我催眠。

这是一个寒冷的冬天。我跟我妈一起出门。

作为一个对貂皮大衣爱不释"体"、倒垃圾都要披、午睡当被盖、夏天恨不得改成坎肩穿的中年妇女，她当然是穿着这件毛质浓密、黑棕混杂、茧形、连帽、灯笼袖、中长款的貂出行。

我走在前面，拐过了前面一栋楼。该楼某单元门前坐着一条狼狗。

此狗见我经过，顿时神色凶恶，大吼特吼。

就在此狗对我作势欲扑、咆哮怒吼之时，身后一阵高跟鞋响。我妈穿着貂的身形巍然闪现。

那狗当时就呆住了。

我妈在震惊当中一时没能做出反应。

当事狼狗呆滞地目送母女二人离去。

走出十多米后，我回头一看，那狗依然端坐原地双目圆睁。

我再看向我妈，该妇女已是一脸悲愤。我当时是完全没法面对她了，故找了个借口分道溜走。

等我晚上回来的时候，我爸在斗地主，我妈在看电视，怀抱貂皮，面如霜凝，眉头紧蹙，神色不定。

要知道此人平时非常聒噪，此刻却反常深沉，在喧闹电视声和夜色日光灯的衬托下，显得格外落寞。

我心下感叹，缓缓地关上客厅门。然后迅速溜进卧室声情并茂地给我爸讲述遇犬事件，同时还表演了一下当时那狗的表情。

我爸说："我说你妈今天回来怎么不做饭呢！这下刺激受大了。"

我回到客厅，假装悲伤地坐在她身旁。

我说:"妈,别上火。你看你这貂,在外镇狗,在家镇宅,一统江湖,指日可待,得此神物,岂不幸哉!"

我妈没有反应,还在跟电视貌合神离。

我看她这样,也不由感想万千:此人不知为何对貂皮大衣就是有那么大的执念,众批其觉悟低,兀自不以之为意。

在没买到貂的时候,她老说,这辈子买不起,下辈子就要投胎当貂。

买得此貂后,就像上述提到的那样,抓住一切机会穿貂。不能穿就披,不能披就盖,不能盖就搂着,不能搂就摆着。而且其了却心愿、小人得意的本质顿时暴露。在家、在单位,无时不显摆,由此也就迎来了各种挤对。

在家。

问我爸:"看我这貂好看不?"

"傻。"

"不懂别瞎说啊,我们单位人都说好看!"

"你们单位人都傻。"

在办公室。

"大全子,看咱这貂,油光锃亮,滑不留手,可好了,可滑了,可滑可滑了!"

"真的吗?真那么滑吗?来来来我吐口痰看能不能粘上?"

在会议室。

跟旁边女同事:"哎,你看我这貂,跟她们别人买的真不一样。一看就能看出来,我这是整貂,可平整啦。她们那个都是拼的,包包楞楞、戗毛戗刺的。"

领导:"哎,穿貂那个,上来发个言。"

在外出门。

我妈,我妹,我,三人走在路上。

忽然发现路边雪堆里露出一具蜷缩的小狗尸体。我跟我妈不由同时神色漠然，表示哀悼："好可怜哦！"

此时我妹缓步踱来，瞟了狗尸一眼，幽然道："喊！穿着貂居然还冻死了！"

……

如此众多，不胜枚举。但人民群众对其低下的觉悟发出的抨击就是：穿着像熊！像熊！像熊、像熊、像熊！

但这种普遍评价也在我妈强大的自我催眠下，抚貂之间，权作笑谈。

此貂伴身数个冬天，大家都快习惯了，非议也渐渐减少。我妈以为自己顽强地穿着貂顶过了这许多非议，终于要修成正果了。结果，被一条不知名的狼狗无声而犀利的评价打入了地狱。

我想，她现在可能终于明白了这个评价，她现在满脑子的想法肯定都是：像熊！像熊！穿着这貂像熊！

一旦觉醒，以后就有了自知之明，无法再将此貂穿出去了。看她的表情，肯定是在反思，这人不人、熊不熊的，可怎么穿呢？

想到此处，我也不觉感到欣慰。

正当我欣慰的时候，我妈突然一个激灵，紧抱貂皮，目光炯然，丧心病狂道："我要往帽子上安俩耳朵！谁还想埋汰我穿貂像熊？我这貂就是熊款！看你们还说什么！"

不是没有明天

景　锦

"J，你知道我最讨厌你哪点么？"同桌凑过来，一脸嫌弃地看着我。

"说认真的？"我盯着她躲在镜片下的眼睛，"怎么突然这么说，刚刚还玩得好好的。"

刚刚还在一起笑嘻嘻的，我还跟她说了掏心窝子的话。

"嗯。"她点点头，不再理我。我不知我做错了什么。

我转过头，不再试图从她的瞳孔里找出一丝丝她在逗我玩的迹象。她如狐狸一样狭长的眼睛太小我看不出来，再怎么看也不过是浪费本小姐含情脉脉的目光。

再说这也不是一次两次了，我该习惯不是吗?

不过是要接受一个我无关痒痛的题设而已——我被讨厌了。可又有谁不会被讨厌。又有谁不会讨厌我，一个成绩吊车尾的人就不要奢望那么多了。

"我讨厌你成绩烂，上课还不听讲，一副吊儿郎当的样子。你不学别影响我！"

"我影响你哪里了？"我扬起了个讽刺的表情，总是重复的画面让我早就知道她的下一句内容。

怎么办呢同桌？我在心里悄悄问，在你的带动下，我也讨厌我了呢，不止你只讨厌的成绩差那一点，我讨厌我的全身上下。

说不出为什么。是因为你说的跟垃圾一样腐烂发臭的成绩，还是因为有人潜移默化了我？还是因为我讨厌我长得不好看，不会处理简单的人际关系，加上粗鲁像男生一样的性格？

呵呵，像我这种连自己都觉得自己恶心的人，别人凭什么喜欢我呢。

我找不到适合的表情，只能扯着脸皮咧了咧嘴。

"J，我真是羡慕你们这种二货青年啊！二货青年欢乐多！"刘看着我，向我感叹着。

"啊？为什么？"

"你看你啊，每天都那么无忧无虑啊，每天都给我们讲那么多的冷笑话。从没看过你有什么烦心事呢。"

我笑了。

在别人面前，我就是一只快乐的小丑呢。

我只是卑微的小丑，翻几个跟头，就等你拍一拍手。我的开心，是因为你们看着我滑稽的表演，听着我说的自黑笑话，看着我自毁形象，开心地笑。只要你们笑，我只要你们笑，这样我才有存在的感觉，我被需要。

我就是这样一个人，害怕孤单，害怕一个人，怕被抛弃。只要你们需要我，只要你们还记得我，只要你们不要丢下我……即使我自黑又怎么样呢，即使我像乞丐一样乞讨你们的吝啬的笑又会怎么样呢。我只有从你们的笑声中才能汲取到光啊。只要有光，就能治愈我外表皮的伤，我才不会那么痛，心脏的裂口算什么呢，会有人看到吗？

其实人跟树是一样的，越是向往高处的阳光，它的根就越伸向黑暗的地底。

"J，我妈说你好阳光哦！很有活力啊！"陈笑着对我说。

"哦？那是当然的啦，你没见我天天喝阳光果粒橙吗？"

"哇哈哈！没看见过！"

"喊，别戳穿我丰满的理想！"

"哈哈哈哈哈，你要不要这么搞笑啊……"

我笑了起来，有种想哭的冲动。陈，你妈妈很爱喝果汁吗？

我怎么可能阳光，顶多是散光。

我很黑暗的，我很绝望的，我超级黑暗，我超级绝望。我收藏了很多刀，瑞士折叠军刀，火影忍者里的苦无镖、草薙剑，甚至我还搞得到宰猪刀；我家有很多很多的备用药，止痛酊，板蓝根，还有安眠药呢；我还有剪刀和粗麻绳；我家住在十一楼；我家的墙壁坚不可摧；我的脚臭得可以熏死一头大象……

好了，我想你们应该懂了。

但是我却从来没有实践过，顶多是想想而已，脱下袜子闻着臭脚味就是最坚毅的自杀行为了。

我想离开这里，但我又害怕。用刀吧太痛，用药吧太痛苦，撞墙吧万一没死脑残了怎么吧？所以算了吧，好死不如赖活着。

我不仅黑暗而且绝望，懦弱，我怎么是这样一个人呢。

"J，老师一直以为你很乖很听话……"班主任叹息地望着我，重复着永恒不变的那句话。

我这是第几次进办公室？记不得了。

望着一脸叹息的老师，我再也不会像以前那样羞愧万分了，再也不会在心里暗暗发誓一定要"加油"，也再也不会痛哭流涕地说"老师对不起对不起让你失望了"。我这是怎么了。

是因为很多次都让老师失望所以没有信心再向老师发誓了吗？

是因为每次老师的台词都重复不变千篇一律，从前的感动变成了麻木不仁了吗？

是因为我放弃我自己了吗？

是因为我变了吗？

曾经无数次说自己要咸鱼翻身的我，曾经无数次害怕看到爸爸妈妈失望的眼神的我，迷失在那个成长的路上了吗？

"J，你要努力啊……"班主任打断我的失神，轻轻地说。

……努力？我的思维一滞，眼泪不争气地掉落。

有时人就是这样，千言万语胜过一句。我也不知道我为什么又哭了，明明没有泪点啊，真是的……

但是阳光正好呢，咸鱼，真的想要翻身了呢。

骑着风筝，到春天里去找你

栗子小姐

小A：

我又揪下好几根白头发。

还记不记得初二那年薄女士上物理课给我们科普头皮屑就是死掉的脑细胞来着？我现在拨一拨头发就有大片大片战死沙场的脑细胞掉下来，洋洋洒洒的，和下雪一样。昨天韩大班长给我留言说他好生想念我当年那销魂而又壮阔的喷嚏声，我感动地自动调节程序只读取了前六个字。

我发现了，当初让我们趴在被窝里洒下一把又一把少女辛酸泪的校园纯爱文艺片，都跟我八竿子打不到一起去。托上次月考那张满分100我却只得了个47的生物试卷的福，现在只要一上生物课老师就会带着大力水手拯救奥利弗的伟大使命感，点名给我来个夺命连环问，问问惊心，环环毙命。导致这段时间我对生物这门学科前所未有地热情高涨。现在早晚都"带月荷书归"的我每当抱着一摞书转过身对着和自己脸一样圆的月亮热泪盈眶时，都忍不住丧心病狂地想对沉睡中的宿舍高歌一句"mountain top 就跟着一起来"。

如你所言，我终究不是个忍辱负重的人。学不了勾践把梦想擦得锃亮，我只好先把它蒙上尘藏起来。

还记不记得临近中考那会儿为了缓解压力我们一起背过的《折桂

令》？我现在还能完整地背下来呢。那时候小D背得最来劲，吃饭路上也摇头晃脑绕口令一样嘟囔着。还有"腺长"，我现在一和自己过不去了，就搬出他的那句"这都不是事儿，是事儿就一阵儿"默念一百遍，念完睡上一觉就舒坦了，不用人劝也不用宣泄，果真是居家在校消火减压的必备良品。

我还是会经常想起Milk。早上哈着热气冻僵着脸走在去食堂的路上的时候，上课犯困再把胳膊掐出一个又一个月牙的时候，无人知晓的黄昏里走在楼梯拐角的时候。

说到他我有两件事要告诉你。一是这两个月我没回家我妈把我那狗窝给收拾了，二是我回来发现我初三那年傻乎乎写了一本子的暗恋笔记不见了。唉！小事小事，绝对是小事。我现在已经丧失了春心萌动的基本能力，所有同学在我面前，性别不是障碍，友爱才是真爱。我的喜欢似乎已经躲到骨髓里面去了，一般想不起来，但是总在血液的流动中发生撞击。感觉好像我对越喜爱的事物就越存在一种抵触和躲避。向组织承认当初我只身一人跟着Milk屁颠儿屁颠儿跑市一中去上高中，很大成分在于这里。我脑子当时烧了个洞，觉着"遥遥相望总好过形影相随，这样他想起我时，永远是风华正茂，温润如初"。——唉，其实这个洞现在还在我的脑子里。

上次大休，学校食堂大门紧闭，我在宿舍里吸着泡面翻三年里我们所有人传过的小纸条和信，吸完泡面开始吸鼻涕，哭得有点儿惨。说矫情了，我实在想念你们。可我不后悔来到这里。

虽然我还是常常想抱头大喊学科君给我指一条明路吧，还是常常在封闭了窗和门的屋子里走来走去，明明知道门在哪里却不想去推开它，常常会一不小心就踏进冬天的门槛踩着雪越走越远，但是没关系，你不用担心，等春天来了，我就转过身骑着风筝去找你。

你亲爱的、理智的W

要像烟花一样

七 月

1

仍然清晰地记得上一个骄阳似火的6月8号,毒辣的阳光仿佛洪水一般席卷了整座城市,却依然动摇不了家长们阳光下站立的姿态。我和妈妈在一中的校门外等候着辛苦备战了一年的姐姐走出考场。最后一科英语刚刚考完,就听见离校门尚远的教学楼发出惊天动地的一声大喊:"终于解放了!"那是一群男生女生一齐喊出来的声音,模糊却有力,带着对十二年寒窗艰辛历程的释然,更多的,是对即将到来的美好日子的憧憬。

姐姐微笑着走了出来,迎上了我的一个大拥抱。

分数放榜那一天下午,姐姐抓紧了电话,拨那个已经被背得滚瓜烂熟的分数查询号码。我和爸爸妈妈站在姐姐的背后,看着她一起一伏的背部,屏住了呼吸。我知道这么些年了,等的就是这一刻。按照系统的指示输入各串数字之后,姐姐慢慢放下了听筒,转过身来面对着我们,没有一丝微笑。那一刻,我几乎要落泪了,害怕姐姐就这样失败了。忽然她竭尽全力往下一蹲,再努力地跳了起来,"分数超一本线五十分!中山大学大有希望啦!"我和爸爸妈妈都如释重负,看着开心得犹如一只刚刚挣脱牢笼获得自由的小鸟般的姐姐，相视而笑。

送别姐姐的那天，一直都充满温馨的家里忧伤的气息四处飘荡。火车启动的前一刻，姐姐突然用力地抱了抱我，对我说："明年的这一关，你一定要赢得比我漂亮！"我点点头，扬起了微笑朝她挥挥手，火车开动，带着我们对彼此的不舍渐渐远去。

2

我拿着刚爬过及格线的物理卷，迷茫地看着窗外。同桌婷的分数接近满分，在座位上欢呼雀跃地笑着。看着试卷的分数栏上面鲜红的"61"，一瞬间，慌乱席卷了我的整个世界。

看了我的成绩单后，妈妈没有多说什么，只是微笑着告诉我还要加油！我一个人来到了房间，静下心来想了想，高三了啊……这些日子确实安静了不少呢，也懂得了就着咖啡的浓郁啃着练习题一直到凌晨——为了跨越高考。回想起之前的姐姐，她也是这样一个人在台灯底下就着昏暗的光线奋战到深夜。

"再坚持一下吧，这一切很快就会结束。"书桌上，姐姐的字迹清秀隽永。

夜晚真的很神奇，人总是容易在夜里情感泛滥。我想起了妈妈，想起了每个我挑灯夜战的夜晚，她隔着房门轻轻地说着："早点儿休息吧小安。"偶然有一次，我打开了门，看见她的头上已经有了银丝。我长大了，妈妈却老了。

我想起了好友郑曼妍，那时没有高考的压力，在每次聚餐后不知道接下来该去往何处时，我们总是异口同声地说："接下来，流浪去吧。"后来，彼此对未来的认识仿佛达到了一个前所未有的高度，都各自为了学业成天忙忙碌碌，联系自然再不如从前频繁，却依然会在一些时候突然出现在对方面前给对方以惊喜般的鼓励。

一直以为文字工作是天底下最快乐的职业——在家工作，想睡就睡，并且不惧怕迟到被老师批被老板骂。直到后来自己开始给杂志投稿了，有过在电脑前坐了整整四个小时仍然打不出一段完整开头的经历，才明白原来写作也不是那么回事。

哪有什么最快乐的职业呢！

就像郑曼妍说的："那就让我们充满勇气在最后这段日子好好努力一回，守护我们彼此的梦。"

3

又是一个繁星满空的夜晚，我倚着窗户，看着窗外一束束绽放在天际的烟花在生命的尽头展现出了最完美的一片光芒，轰轰烈烈。

已近凌晨，楼下的小孩子们依然未眠，似乎想要通宵达旦度过一个刻骨铭心的春节。"砰！"窗外又一束烟花闪过天际，我看着书桌上的数学习题，告诉自己，好吧，就像烟花一样在高考中绽放一次。

六中妹子是神话

小太爷

操场上的歌声

英语课最后十分钟，众人皆筋疲力尽，老师亦无兴趣。

"看这个……"英语老师话没说完，倏忽间高昂的一嗓子钻进了我们的耳膜。

"外国人把京戏叫作'北京奥破若'……"

我推了推近在咫尺的同桌，同桌心领神会地点头向我确认——你没听错，楼下有人要剽悍了！

网上有个词叫啥来着？斯巴达！是的，我整个人顿时就"斯巴达"了！

素闻六中女生剽悍，可是敢喊这么一嗓子的，就是遍寻我市肯定也找不出来几个……

同学们窃窃私语，老师稳定了秩序，继续说："这个题选A……"

"把每天都当作末日来相爱，一分一秒都美到泪水掉下来……"

如果上次老师还可以当作没听见的话，那么这次就肯定瞒不过去了。

"把窗户关上……"老师清了清嗓子。

"老师，来不及了！"

"死了都要爱……"

全班爆发出经久不息的掌声,老师笑着法外开恩:"最后几分钟大家看看书吧,不讲了。"

是的,她讲不下去了。

大揣和她的苹果

"我妈一早就跟我说了,你想体验苹果难吃程度的巅峰之作吗?"大揣微笑地看着她手心里的苹果,"我说想,于是我妈妈就把这个苹果给了我!"她一脸刚毅的表情不禁让我想起被偷偷写在校服袖口上的那句励志话语:姑娘,你真是个汉子!

大揣先向周围的同志征询了一下如何在苹果上咬出一个"心"来,然后开始轰轰烈烈地改造活动。

"我妈妈说得果然没错。"大揣在尝试了一口之后向我说。

"这苹果,不能吃肉,得嚼汁,就像吃甘蔗一样。"大揣在那个苹果心初露狰狞,哦不,初露端倪时又对我说。

"你看,这个是已经氧化了,这个是正在氧化,这个还没氧化。"大揣指着面前三堆被咬得很有规律的苹果尸体向我说。

此女子乃业界一朵奇葩,上数学课时把卷子挡在脸前偷吃"苹果甘蔗"——此种行径共进行过两次,其一次结果乃是因用力过猛把脑袋撞到了卷子上,另一结果是在咬苹果时出了声。

"我感觉数学老师看到了呢!"大揣道。

我痛苦地点点头,我是多么想大声对这妹子喊:"这也就是数学老师脾气好,这要是换成了别的老师,你会被砍头的,你知道吗?知道吗?知道吗……"

一把辛酸泪的笔者此时正掩面叹息,啥都不说了,姑娘们的强悍没尽头。男子汉们,争点儿气吧!

每个胖女孩儿都曾经是天使

月小宇

你是这个冬天留给我的最美好的印记。

1

寒风冷冷地掠过脸庞,甚至可以清晰地听见风与皮肤摩擦时的窸窣声。我费力地抬起手将口罩向上提了提。本来就胖的身躯再加上厚重的棉服,让我的每一步都显得那么吃力。

拥挤的地下车库。喧闹的人群。

我艰难地在人群中挤了挤,步子稍微向前挪了挪,好不容易才走到了班级的停车位前,而长长的车阵早已没有我车子的容身之地。我把别人的车用力地挪挪,想腾出地方放我自己的车。可我刚挪动了一辆,那长长的车阵便以排山倒海的方式倒了下去。我在一旁停好自己的车,想把倒下的车扶起来,可那些车偏不听我的话,刚扶起来便又倔强地倒了下去。

"放在那儿让我来吧,我今天打扫车库,你先上去,快迟到了。"我转身望去,男生穿着好看的灰色毛衣,棉袄的拉链微微地拉开,手上握着一把笤帚。来不及掩藏好所有的惊讶,也来不及抹掉脸上的懊恼与自卑,我抓起书包便急急地逃离了犯罪现场。

哦，对不起，我当时忘了和你说谢谢。

2

当你依旧那副万敌不侵的表情进班时，我抬头望了望你。眼神里有不自信和慌张。你把棉袄脱掉了，轻轻地搭在手臂上，你额头上有细密的汗。大抵我早上惹下的祸，害你花费了很大的力气吧。

好吧，我承认对你有一点点愧疚感。

你坐在位子上，轻轻地把桌子往后拉了拉，靠在你桌上的我差点儿向后摔去，你适时地用手顶了一下我的后背。谢谢你，让我没摔下来，又让我少了一个被人嘲笑的把柄，无非是"地震"之类的词，对此我便早已有了免疫。只是，我还是不想在你面前出糗。年少意气这样的词用在我们身上刚刚好。

我也不清楚我们已经坐了多久这样不尴不尬的前后桌，没有交集，偶尔点头微笑，波澜不惊。

3

刚读了一小会儿书，便传来身后你轻咳的声音。我想你应该是感冒了，不然咳嗽的声音也不会那么频繁。下意识地将手伸进包里，摸索到半盒还没吃完的感冒药，轻轻地握在手里不敢递给你。这样的动作会不会太亲密？这样会不会流言丛生？我把药又塞回了包里。

你频繁咳嗽的声音又传到耳中，我小心翼翼地抽出一张小纸条，写道："谢谢你早上帮我解围，感冒药送你，祝你早日康复。"然后迅速地将纸条和药盒放到你桌上，完成这一系列动作后我努力装得很平静，可是还是掩饰不了心里的不安。

良久，你都没有回复，于是我便陷入深深的后悔中。一个臃肿的女生送一盒感冒药给班上最帅的男生，那画面想想都觉得自作多情。

在我处于水深火热的纠结时，下课铃响了。你端着杯子去前面接水，然后很自然地将那盒药打开，取出两粒药丸就着水塞进了嘴里。

你当着全班的面吃了我给你的药？这让我怎么都没有想到。

4

因为学校离家很远，所以中午我便选择在食堂吃饭。吃过饭，寄宿生都回宿舍了，我只好一个人悻悻地回班。

空荡荡的教室，我一个人坐在座位上翻开数学习题毫无头绪地做起来。"谢谢你早上的药。"我抬头，你那不染纤尘的笑容映入眼中，手中提着一盒双皮奶。我木木地呆在原地不敢伸手接，你拉起我的手小心地把那个塑料袋套在我的食指上，然后大步流星地走到了位子上。

教室里只有我们两个人，气氛静谧而诡异。

你用笔戳了戳我的后背，我转过去，你微笑地看着我说："我给你讲个故事好不好？"

我说："好，你讲啊！"

"你知道其实每个胖女孩儿上辈子都是天使吗？正是因为她们上辈子太好太纯洁，让造物主心生妒忌，所以在她们下辈子投胎时造物主就让她们变胖。所以，你上辈子也是个天使呢！"彼时，我看到阳光浅浅地照进来，映着你残留在嘴边还未来得及收好的微笑。

岁月静好。

5

有些变化是潜移默化的。比如我可以从容地不带一点儿自卑地和女生们交谈，我会把自己写的文字拿出来和大家分享，我会站在阳光下自信地对每一个人微笑。还有，我会自然地转过身和你开玩笑、讨论问题，抑或会陪你走完从教室到校门口那不算太长的路。

我说，我喜欢这样的我自己。

我说，是你让我喜欢上了这样的我自己。

6

"嘿，怎么又一个人坐着发呆啊？"你一只手托着篮球走来。

"唉，怎么办呢？我又开始陷入深深的自卑了。"我故意装出一副很无辜的样子。

你伸出手摸摸我的头发说："你就装吧，你现在活得比谁都好！感谢我吧，我拯救了你两次呢。一次从困境中拯救了你，一次从地狱中解救了你，让你重新见到了阳光。你要怎么谢我呢？"你幼稚地露出狡黠的笑。

我没兴趣理你，转身拿出后面的两杯双皮奶，递一杯给你，"喏，这样算我谢谢你啦！"你转身在我身边坐下，接过我手中的双皮奶。我扒开盒子，用小勺一勺一勺地挖。缠绵的红豆，浓郁的奶香在周身四溢开来。转过头看你，你也认真地在吃，那表情像个孩子。我转过来，看到前方花坛中的花已经开了。

那一刻，我听见了春天到来的声音。

7

请善待身边的每一个胖女孩儿，她们上辈子都是天使，只不过她们太过单纯，太过美好，所以造物主才给她"胖"这样的一个标记。

记得，天使在人间。

懒　猫

武敬哲

我叫辉子，我也不知道为什么别人这么叫我。

外面的风好大，雨里夹着雪。这是我独自流浪的第一个晚上，就碰上了这么个鬼天气。

"该死，出门前应该看一下天气预报的。"我躲在一辆汽车底盘下面，脑海里只有六个字支持着我不跑回家去——要么疯要么死。

闪电划过长空，我仿佛感受到雷声在耳边轰鸣，汽车随着大地摇晃。

为什么要离开温暖的小窝？我开始怀念一家四口懒懒的生活。

现在车底盘就是我的整个世界，我蜷缩在整个世界之下。

风依旧在外面飘摇鼓荡，我感受不到温度。周边都是融化了的雪和雨水，只有在这一小块干的地方落脚，一动不动。

我听到生命奔跑的声音。

是一只小猫，全身都淋湿了，惊慌失措地躲到了我的地盘。

"喵呜……"她微弱地说了声很冷。

"靠过来吧。"

她听话地靠了过来，湿湿的毛弄得我不太舒服，我有些后悔刚才说过的话。想挪开一点儿，又懒得动。

第二天早上，睁开眼，看到那只小猫还靠在我身上没有醒，"还没走啊！"我迷糊着眼睛嘀咕道。

她慌乱地爬起来，跑开些距离，傻乎乎地看着我说："昨天你睡着的时候，像太阳。"

我一个激灵站起来，"这比喻也太不恰当了吧……不对，你是说我——胖？"

我懊恼地转着圈儿看自己，"虽然是有些胖，但我是一只有信仰的猫。"

"对，所以你才会发光。"她高兴地叫道。

"发光？"

"是啊，温暖又明亮。"

我仔仔细细检查了自己身子，根本没有光。

"辉子。"

"你怎么知道我的名字？"

"传说，会发光的猫都有一个共同的名字——辉子。"

我瞧见她的眼睛里有泪光，不似伪装，但又觉得难以置信，"呃，不要跟我说传说，我只是一只懒猫，哈哈哈……"

我闲聊似的问她："小家伙，你有家吗？"

她刚刚还熠熠生辉的眼睛立马暗淡下来，"我啊……无家可归。"

"哈，你也是流浪猫。"

"可是我不想流浪。"

"流浪多好啊，你看……"

"我受够了。"

"那，我送你去户人家吧。"

她沉默地盯了一会儿我的眼睛，最后说了声："好。"

穿过熟悉的弄堂，来到主人家开的店，我没有理会女主人惊喜的招呼，带她径直走进去。

"哇，你家真温馨。"

"不，是你家了。"我指了指那熟悉的金色枕头，"喏，我一般在这儿休息。"

"你还要流浪去吗？"

"是的。有时候主人会把你带到六楼的家里，不过通常还是在这儿住。他们会照顾好你的。"

"你为什么要流浪啊？"

"不为什么。"

女主人温柔地抚摸着小家伙的头，开始跟她说话。她摇了下尾巴，胆怯地看着女主人，最后还是跑开了。

我可不想陶醉在温柔乡里不出来，便迈开步子走到屋外。

"啊，阳光真好！"

临走时，小猫问我："你还会回来吗？"

我说："我是一只懒猫。"

懒猫有可能懒得再回来，也有可能懒得在外面流浪的时候，就回来吧。

我暗自思忖，我是一只有信仰的懒猫。

然后独自一人，不是，独自一猫，重新上路。

小楼、我和周杰伦

潘

《上海一九四三》

小楼喜欢听周杰伦的歌,我也很喜欢。不知道小楼喜不喜欢这首《上海一九四三》,我觉得还不错,实际上我最喜欢的还是这首歌的名字《上海一九四三》。上海到底是怎样一个城市呢?它到底有什么魔力让小楼那样的小女生拼命地非考到那里不可呢?

上海,我依旧是不懂,就好像我一直读不懂小楼一样。在我的印象里小楼就是一个不谙世事的小女孩儿,除了念书就知道咧着嘴傻笑。实际上小楼是一个很聪明的女孩子,很有才华。我看过她写的散文,她的文字里没有懵懂少女的伤春,却有一只蓝色的蝴蝶在山间寻觅,迟迟不肯落脚。我知道那是一种美。我惊叹这样的文章竟出自一个女高中生之手。

《双刀》

高一下学期期末考试后,我们几个同学要搞一个小小的聚会,小楼很大方地请大家去她家。我们说:"你爸妈会同意吗?"小楼眨巴眨巴大眼睛，奸诈地笑着说："我把他们请出去不就行了？"

那天我们玩得很开心。

一大桌的菜在我们的说笑中吃完了，几个男生去打牌，另外几个女生跟去看。小楼没走，一个人在收拾桌子。碗筷相碰奏出一首别致的交响曲。小楼将垂下来的一缕头发绾到耳后，动作优雅而别致。我呆呆地看着小楼，一动不动。小楼抬起头看了我一眼，但很快露出两颗虎牙笑着说："还愣着干吗？快帮帮我哟！"

后来有人在房间里放Jay的《双刀》，我才回过神来。我清楚地记得那天放的《双刀》和小楼好看的虎牙。

《爱在西元前》

高二了，我目睹了学校的树叶黄了又抽出新的生命。我喜欢坐在教室的角落里看小楼伏案写字的样子。阳光透过玻璃照到小楼的脸上，那些小小的绒毛在阳光下竟然成了金色的。看着泛着金光的小楼，我猜她应该是仙女吧？

一天中午，我在食堂吃饭，听见校园广播的一个点歌节目："李江想把周杰伦的这首《爱在西元前》送给同班的小楼，希望她天天都能开心。"李江是我们的班长。难道班长喜欢小楼了？但是这又和我有什么关系呢？难道我也喜欢小楼？

小楼并没有变成班长的女朋友，或许小楼根本没听到那首送给她的《爱在西元前》，或许小楼只把班长当朋友看，或许小楼一点儿都不懂爱情，或许……

《小白》

上大学后，我从来没有给小楼打过电话，只是偶尔发几个短信寒暄几句。再怎么温暖的话语通过冰冷的手机也没有了原来的温度。也许小楼在上海过得很好，根本不需要我这个极其普通的同学的关心。

我恋爱了。我听过后弦的《小白》，很喜欢。刚好那个女孩儿也叫小白。她是个乖巧的女孩儿，很适合我，我一直是这样想的。小白说想去海边看海，在海边买一座房子，过着面向大海、潮来潮往的生活。我说："那我们去青岛吧。"小白摇头。我又说："那就去厦门吧。"小白说："不喜欢，还是去上海好。"

上海，呵，又是上海。我想到了小楼也在上海。小白看着我的眼睛说："去上海怎么样？"我愣了几秒才点头说好。

我和小白的关系一直是不冷不热的，但是我能真切地感受到小白是一个好女孩儿。

《回到过去》

圣诞节那天我意外地接到了小楼打来的电话。那天我刚刚送小白回宿舍，走在学校冰冷的路上。路灯在扑腾扑腾地闪烁着，路上的行人很少，相拥的情人倒很多。

好冷啊，我哆嗦着掏出电话，是小楼。按下通话键以后就听见小楼说："圣诞节快乐。"我也说："圣诞节快乐，你怎么想起给我打电话呢？"小楼说："我在听歌，Jay的《回到过去》，听着听着就想起你来了。"我说："哦，这样子啊。"

后来我们甚至聊到了高一的那次聚会。我说："小楼你煮的鱼让我回味无穷啊。"小楼说："真的吗？"我仿佛又看到她眨巴眨巴的大眼睛了。小楼说："还得多谢你帮我收拾桌子，要不然我不知道要忙到什么时候。"我说："那下次你再煮鱼给我吃，我帮你收拾桌子怎么样？"小楼在电话里笑了，呵呵呵地笑着。她说："好啊。"

在电话接近尾声要挂掉的时候，小楼突然问我："你有没有谈女朋友？"我的心轻轻地被刺了一下，我说："应该算有吧。"小楼沉默了几秒说:"哦。"接着又是沉默。后来不知道是谁先提出挂电话的。

那晚我回到宿舍第一件事就是找到那首《回到过去》听了很多遍。可是真的能回到过去吗？我不能，小楼也不能。

谁都不能。

贫血进行时

小太爷

前段日子生了场不大不小的病——急性呼吸道传染——也就是感冒。

家父家母强调自愈，连个药都不供给。我只能自己慢慢熬。满地的纸让我想嫁个卖纸的。其实这还不是最悲惨的，发炎的喉咙让我感到极其难受，我唯一的法子就是频率很快地并且接连不断地咽口水。最后只咽得同桌用笔戳我，并故作神秘地低声耳语："哥们儿，数学老师长得再帅也已是明日黄花，山河大好，莫要卡死在这小土丘上。"

好不容易吧，嗓子稍有起色。单独评析卷子的化学老师走到我面前时却又来了句："你贫血吗？"

贫血？我说："不啊，没发现。我觉得我血挺多的，不少啊？"

化学老师谆谆道："看你脸色煞白的，嘴唇也没血色。"我遥望了一眼没关上的门，淡定地说："冻的。"

是的，作为一个山沟里的孩子我深深地知道，贫血和胃病一样，都是没事干的人闲着没事提溜着二两酒哑巴几口烟踩死几只小强顺便剔了个牙的工夫才能得的。

但我还是秉着开诚布公的态度和家长深入地探讨了贫血问题——于是被家长架着去医院的我果然折腾出了缺铁性贫血。

"大夫，大夫！"大夫回眸一笑。"给我开张假条吧！贫血要静养对不对？贫血要静养是不是？"大夫又是回眸一笑。"贫血会头晕是不是？贫血会那什么是不是？总之，贫血很严重是不是？"大夫深情地回眸一笑，终于缓缓说道："我是脑外的，你找错人了。"

就像郭香樟在《我上高二了》里写的一般，我得贫血了，我既不高兴，也不悲哀。

桌面上偶尔出现的大枣现在已经变成了必需品，白开水也变成了红糖。中国人的迷信，缺啥补啥，而且颜色一定要对。补铁溶剂喝起来就像熬了若干年的铁锈，我不禁怀疑此乃古代酷刑之一种。而唯一不变的是我仍需要写到十二点的作业，早六晚六的作息。

初三是累的，无疑。我们都在这么一口大锅里熬啊熬啊。从小学一年级开始，家长就从锅沿上把我们抱下来，然后添水加柴，我们就真的水深火热了。我们对爬出去的那些人羡慕嫉妒恨，又感到深深的空虚寂寞冷。

不过，我还是想说，感谢贫血，让我在爬不动想偷懒的时候可以对着投来鄙夷目光的众人大喝一句："我有病！"

你有没有这样的时候

君 生

我坐在车上,车窗涌进一股冷风,刮得脸有些疼。头发也在风中散开,寂静地飘荡。

考完试,身心俱疲。几张雪白的卷子足以让我的精力消失殆尽。马不停蹄地学习就像哼哧哼哧的火车,一节一节地轧过铁轨,在车后留下一团风沙一样混浊的疲惫。

我只想休息,又必须去取回我的东西。

终于到达目的地的时候,我却突然忘记到底为什么要来这里。在这个商店里,灯火通明,每个角落都充斥着陌生的气息。我知道,这一瞬的失忆仅仅是因为刚才在车上遇见了他而已。

我们是朋友吧,或许还是好朋友。但在此之前要加个前缀"曾经"。我们的友谊就像一出戛然而止的戏剧,他莫名其妙地疏远,就这么了结了在生活中关于我与他的那些续集。

没有原因,也没有余地。

在车上,我看见他的左手边坐着一个看起来挺不错的女生,为了不干扰到他的好心情,我也很是配合地假装对他视而不见。

不想死乞白赖地要求对方对这份莫名中止的友谊会有只言片语的解释,我就这么放开了手,甚至是冷漠地看着它就这么失去。

我跟许多朋友说我与他的疏离,我以为这样说出来,也许会感觉好过一点儿，事实上并没有。朋友们说，过去的，就让它过去吧。

于是我开始努力地学习，试图以此来转移我的注意力……

忽然，我看见自己搭在商品上苍白冰凉的手指，它在告诉我最近我有多宅，才能让夏天残留在皮肤上太阳的痕迹这么快褪去。连同我和他那段快乐的记忆，也随着时间的流逝而逐渐变得灰白，了无生气。

这样也好。我才能更加认真地生活，走自己的路，并且学会更好地照顾自己。

我望见拐角处的发廊里，站着一个安静的男生，剪得精致的黑发，皮肤白皙，穿着黑色的上衣和裤子，有一种忧伤的淡定，浑身散发着一股优雅的气息。

或许思考着的人都格外美丽，因为他们的灵魂都跟随着他们的思绪，一并散落在小城上空的云隙里。

我拦下回去的公车。路灯的影子洒在我的身上，被掠过的车窗分割。一片一片，像倾泻而下的流水，带着一抹夕阳留下的金黄，以及一些残留于地面上的温暖。

有些事情，在岁月里沉积，旧日的美好如繁花开放，而今零落成泥。那个人，那些事，那段伤害，那份失去。

下车的时候，我抬起头，看见从我面前离开的公车窗子上映出的自己平静的面容，于是我突然明白：我喧闹的青春，也已经从我的生命中安然远去。

我想，是时候忘记了。